EMPRESAS EM MOVIMENTO

MUDANÇA DE CULTURA
PARA NOVO PATAMAR DE RESULTADO

Beth Zorzi

EMPRESAS EM MOVIMENTO

MUDANÇA DE CULTURA PARA NOVO PATAMAR DE RESULTADO

QUALITYMARK

Copyright© 2013 by Beth Zorzi

Todos os direitos desta edição reservados à Qualitymark Editora Ltda.
É proibida a duplicação ou reprodução deste volume, ou parte do mesmo, sob qualquer meio, sem autorização expressa da Editora.

Direção Editorial	Produção Editorial
SAIDUL RAHMAN MAHOMED editor@qualitymark.com.br	EQUIPE QUALITYMARK

Capa	Editoração Eletrônica
EQUIPE QUALITYMARK	APED - APOIO E PRODUÇÃO LTDA.

CIP-BRASIL. CATALOGAÇÃO NA PUBLICAÇÃO
SINDICATO NACIONAL DOS EDITORES DE LIVROS, RJ

Z81e

Zorzi, Beth
Empresas em movimento : mudança de cultura para novo patamar de resultado / Beth Zorzi. - 1. ed. - Rio de Janeiro : Qualitymark Editora, 2013.
256 p. : il. ; 21 cm.

Inclui bibliografia e índice
ISBN 978-85-414-0108-1

1. Comportamento organizacional. 2. Cultura organizacional 3. Recursos Humanos. 4. Liderança. I. Título.

13-03246
CDD: 658.4063
CDU: 005.332.3

2013
IMPRESSO NO BRASIL

Qualitymark Editora Ltda.
Rua Teixeira Júnior, 441 – São Cristovão
20921-405 – Rio de Janeiro – RJ
Tel.: (21) 3295-9800 ou 3094-8400

QualityPhone: 0800-0263311
www.qualitymark.com.br
E-mail: quality@qualitymark.com.br
Fax: (21) 3295-9824

**A Cultura atual não é boa ou ruim.
Ela só não produz resultado diferente.**

Empresas em Movimento *é destinado a todos aqueles que acreditam no desenvolvimento humano e das organizações como resultado de um trabalho estruturado, disciplinado e realizado com paixão.*

Considero que executivos, empresários, profissionais de Recursos Humanos, acadêmicos e estudantes possam se interessar em conhecer uma metodologia de transição cultural, cases de sucesso, questionamentos sobre o tema e histórias que a vida profissional nos ofereceu, com graça e com rudeza, e sempre com aprendizado.

Este livro eu o dedico aos clientes que acreditam na nossa parceria e aos consultores que estão lado a lado, nos nossos embates e nas nossas conquistas.

Eu o dedico, em especial, a Mauro de Castro, meu parceiro em toda essa construção, e aos meus filhos Lidia e Juliano que me fazem sempre querer ir além porque eles existem.

Sumário

A Razão do Livro 1

Vamos Começar 5

1. Reflexões sobre Transição Cultural 9
   CULTURA PRODUZ RESULTADO 10
   UM JEITO ATUALIZADO DE VIVENCIAR VALORES 13
   O PONTO DE PARTIDA..16
   CULTURA NAS EMPRESAS EM START-UP 19
   OPONENTES E NEUTROS NA TRANSIÇÃO CULTURAL................22
   VOCÊ E A CULTURA DA EMPRESA 26
   QUAL A CAUSA INSPIRADORA? 28

2. Projeto de 2-3 anos 31
   O NOME É CULTURA E LIDERANÇA 32
   DÚVIDAS FREQUENTES 35
   ETAPAS SEMESTRAIS FUNCIONAM..39
   VAMOS EM FRENTE! 50
   TRABALHE O COLETIVO E O INDIVIDUAL..............................59
   QUEM É O RESPONSÁVEL 67

COMO SABER SE DEU CERTO? 73

3. Cultura Atual e Desejada 77
PESQUISAS E DESCOBERTAS 78
ANÁLISE DA CULTURA DA EMPRESA 84
A CULTURA BRASILEIRA TEM IMPACTO 93
VAMOS EM QUE DIREÇÃO? 96
UM MOSAICO DE CORES E DESAFIOS 105

4. Implementar a Mudança 109
POR ONDE COMEÇAR? 110
TRANSIÇÃO EM MOVIMENTO 111
COMO RENOVAR CRENÇAS VIGENTES 114
CONSTRUA EXPERIÊNCIAS QUE TRANSFORMAM 116
CONQUISTAS DO PRIMEIRO ANO 121
RISCOS E LIMITAÇÕES 125
UMA HISTÓRIA DE SUCESSO 134

5. Liderança a Favor da Transição 139
CULTURA, CLIMA E LIDERANÇA 140
NA AREIA DA PRAIA 146
LIDERANÇA EXIGE AUTOCONHECIMENTO 148
MOTIVAÇÃO REVELADA NO PALCO 152
8 ESTILOS DE LIDERANÇA 156
O VISIONÁRIO E O COACHING 162
ESTILOS NA PRÁTICA: ESTUDO DE 10 ANOS 165
ESTILOS E DIMENSÕES DE CULTURA 174
AÇÕES DE APRENDIZAGEM PARA LÍDERES 177
ESTILOS SÃO EXERCÍCIOS DE INFLUÊNCIA 183
CORAGEM NÃO É AUSÊNCIA DE MEDO 186
NOSSA PROPOSTA: UMA COMUNIDADE DE LÍDERES 188

6. Fogo, Água, Terra e Ar 191
CICLOS CONTÍNUOS DE DESENVOLVIMENTO 192
OS 4 ELEMENTOS NA PRÁTICA 196
UMA HISTÓRIA REAL 205

E ASSIM CAMINHA A APRENDIZAGEM 231
MINHA MENSAGEM A VOCÊ 233

Minha Mensagem a Você 233

Glossário 237

A Razão do Livro

Cultura produz Resultado. Acredito nisso. Vivi metade da minha vida profissional como executiva de grandes empresas que muito me ensinaram sobre dinâmica corporativa e seus impactos no resultado. A outra metade, eu devo às muitas empresas com quem trabalhei e trabalho como consultora de gestão e de mudança. Elas me confirmaram que resultado não surge por mágica, mas como consequência de um modo de ser e de atuar que faz toda a diferença.

Então eu resolvi escrever sobre isso e este livro é produto dessa vontade.

Meu objetivo é apresentar uma proposta para trabalhar Cultura organizacional porque dá Resultado e reforçar a crença de que com investimento em Liderança se chega lá.

O livro tem um passo a passo sobre processos de transição cultural para os leitores mais estruturados; tem frustrações nesse caminho e *cases* de sucesso; uma metodologia de mapeamento de Cultura atual e desejada que facilita a vida; uma abordagem de Estilos de Liderança e um banco de dados de avaliações de executivos cruzando tudo isso com Cultura.

Na leitura, você vai encontrar momentos de dúvidas e de difícil gestão no trabalho de consultoria de mudança, bem como outros tão singelos quanto a chegada de executivos descrentes para um encontro sobre Cultura e Resultado, na fazenda colonial, no interior de São Paulo: "Bolo de fubá e docinhos acompanhavam o café com leite na varanda do celeiro, em frente ao terreiro antigo de secagem de café. Manhã bonita e ruídos do campo: uma máquina na pastagem ao longe, pássaros cantores, um carro ou outro chegando com poeira da estrada. Traziam mais homens que mulheres; chegavam um pouco sem vontade de chegar."

Eu queria contar uma história que fosse produto da minha razão e da minha emoção, na experiência de consultoria. Sabemos que a vida das empresas se constrói na prática e os conceitos são somente estímulo para os diálogos e as experimentações. Quando você, leitor, for falar desse livro, vai enriquecê-lo com suas vivências e percepções e ele será assim uma obra aberta; esse é seu propósito.

Mas eu queria contar uma história real, concreta, emocional e séria que fez nossas muitas alegrias e nossas decepções, na vida de consultor.

E eu queria que ela fosse honesta, mostrando o que fomos aprendendo com nossos clientes, consultores e amigos. Eles confiaram no nosso trabalho e contribuíram dando espaço, questionando, fazendo com que elevássemos nossos projetos ao limite máximo que pudemos em termos de profissionalismo, rigor metodológico e energia para sustentar o ritmo. Eles nos ampliaram a consciência de que é preciso ser humilde para se distanciar quando vem batendo a arrogância de se imaginar soberano, nas coisas da vida.

Eu queria que fosse uma história que mostrasse a razão das propostas e os métodos utilizados, mas também as emoções que permearam tantos projetos, em segmentos, empresas e países distintos. A riqueza do que vimos e acompanhamos é um presente que a carreira nos deu e nossos clientes colocaram laço de fita. Foram sempre projetos de desenvolvimento e aprendizagem, e todos aproveitamos esse crescimento mútuo.

Cultura corporativa é um jeito de ser e de fazer, e exige respeito acima de tudo. Muitas vezes me perguntei se estávamos no caminho certo. A cada momento, sempre um alerta e um cuidado; sempre um questionamento se nós consultores deveríamos investir na provocação ou no acolhimento, na fala ou na escuta, no estímulo à revolução cultural ou no apoio à evolução sustentada.

Os projetos foram ousados, diversificados, grandes e personalizados, conduzidos em diferentes regiões do Brasil e no exterior, com trabalhos de grupo na Argentina, Chile, Colômbia, Espanha, Marrocos, México, Peru, República

Tcheca e Venezuela e pesquisas de Cultura e Estilos de Liderança em 17 países.

A pretensão sempre foi a mesma: que pudéssemos contribuir, de forma significativa, para ambientes corporativos mais saudáveis, mais éticos e mais produtivos. Nossa aposta é que, trabalhando com Lideranças de grandes empresas, temos possibilidade de gerar impactos significativos, na dinâmica organizacional e no mercado.

Eu queria contar que, por vezes, nos sentimos ajudando a construção de um mundo melhor, mais transparente, mais equilibrado e mais maduro. Outras vezes, o sentimento foi de que faltava em nós – consultores – competências para sequer ousar encarar esses desafios. E então buscávamos mais referências, novos integrantes para o grupo, mais ferramentas para continuar trabalhando.

Eu queria contar uma história que nos ajudasse a fazer uma síntese do que vivemos na consultoria para aprender com isso e para contribuir com as sínteses daqueles que quisessem conhecer esse relato. Temos falado em aprendizagem por rede e construção de Comunidade de Líderes; portanto, essa vontade de compartilhar fazia sentido.

Eu queria poder contar essa história de avanços, dúvidas, dificuldades, superação, desconfortos, tristezas, comemorações, descobertas, aprendizados, chegadas e despedidas.

Este livro foi assim concebido e será um prazer compartilhar com você essa viagem.

Uma ótima leitura!

Vamos Começar

João Paulo fez terapia por 10 anos. Tinha recebido *feedbacks* de chefes, colegas de trabalho e até da equipe. Era explosivo.

Esposa, filho e amigos conheciam bem essa característica sua: um pouco mais de *stress*, uma palavra mais enfática e... Pronto! Lá ia João Paulo com sua resposta intempestiva, normalmente inadequada, com perdas e danos para ele e para as relações.

No início, João Paulo negava sua impulsividade. Depois, passou a se justificar: "Sou assim; esse é meu traço de personalidade mais forte".

Ele fez terapia por 10 anos. E seu traço de personalidade mais forte ficou no mesmo lugar. Era parte da sua identidade e o acompanhou nos seus quarenta e tantos anos, após os 50, após os 60...

Quando lhe perguntavam o que ele tinha aprendido com a terapia, sua resposta era rápida: "Contar até 10".

Deixando de lado a história de João Paulo, no senso comum e na psicologia o que processos de autodesenvolvimento trabalham são duas dimensões prioritariamente: o conhecimento de si mesmo (João assumiu que era explosivo) e o gerenciamento da própria identidade (ele investia na "contagem até 10" quando percebia que ia entrar no domínio do seu traço de personalidade).

As empresas são ambientes também humanos, com ações e reações e com traços de personalidade resistentes, mas passíveis de serem gerenciados, se necessário for.

A pressão por mudança normalmente é dada pelo contexto: responder ao mercado, conquistar a liderança, superar-se na relação com o cliente, sobreviver. Já o desejo de "fazer terapia" é fruto de uma visão ousada de futuro (tudo vale a pena) e da humildade de se reconhecer ainda inacabado, imperfeito.

Toda empresa terá que ampliar seu leque de conhecimentos e de habilidades para melhor gerenciar seus traços de personalidade que, arraigados, explicam o seu passado, mas podem comprometer o seu futuro. O mercado é impiedoso com os mais lentos, os mais conservadores, os rápidos demais, os pouco estruturados, os prepotentes, os ambiciosos em excesso.

Ampliar o leque de possibilidades é tornar-se flexível, mas esse processo é talvez mais lento do que muitos gostariam.

Portanto, relaxe!

Se você é acionista, dono de empresa ou integrante do *board* e está investindo em um processo de mudança cultural (mudança no modo de ser e de agir de uma organização), não se angustie se os resultados ainda não estiverem aparecendo. Se o trabalho for eficaz, logo você escutará profissionais como se estivessem contando até 10. Mas no processo, ainda que coletivo, entra uma pessoa de cada vez.

É processo de desenvolvimento humano e, portanto, tem um ritmo próprio, tem evolução e não revolução, a não ser que você resolva demitir todos os profissionais e começar uma nova empresa, do zero. Provavelmente não é essa a escolha, mesmo em processos de aquisição, quando a competência dos profissionais da empresa adquirida alavancou, na maior parte das vezes, o desejo da compra.

Se você faz parte da Diretoria, está investindo na mudança da empresa e receia que ela possa atropelá-lo, também relaxe! Se o processo for bom, você inclusive será mobilizado e, em algum momento, perceberá que faz parte da mudança. Você também participará do coro que cantará "até 10", tendo a responsabilidade de ter a voz afinada e ser um maestro a garantir ritmo certo e qualidade do conjunto. Afinal, é um diretor.

Se, por outro lado, você é um profissional infeliz com os traços de personalidade da sua empresa, também relaxe. Ela pode aprender a melhor gerenciar esses traços, com sucesso, renovando práticas para manter ou conquistar competitividade e sucesso. Você terá que fazer a sua parte, sem dúvida.

Se isso lhe atende, ótimo! Uma relação mais prazerosa e produtiva.

Se isso não lhe atende porque a evolução não é tudo o que você esperava, relaxe. O mercado é amplo e muitas são as opções de uma nova conquista que lhe satisfaça mais. Não exija de João Paulo o que ele não pode ser. Só peça a ele, com respeito e carinho, que continue sempre investindo, porque ele pode ser um profissional melhor, um marido mais amado, um pai mais querido, um amigo mais lembrado.

Mas continuará sendo João Paulo, aquele que tem que contar até 10. E, um dia, com o treino e a prática, isso estará incorporado e não lhe pesará tal rotina. Será uma competência conquistada; uma prática renovada, que não custa nada.

A essa conquista gradativa chamamos de evolução ou de transição, e não de mudança. Transição é processo e está calcado na pessoa. Mudança é quando muda o patamar; é uma síntese.

Nas empresas, o processo se chama Transição Cultural, e é de responsabilidade primeira das Lideranças. Na sequência, todos os envolvidos são chamados a participar, contribuir, interferir e transformar. E o desafio de agilidade tem sido cada vez maior.

Transição Cultural é um movimento coletivo.
Ele é de todos. E de cada um.

1. Reflexões sobre Transição Cultural

Cultura Produz Resultado

Qual a razão mais convincente para se aprimorar uma Cultura? Cultura produz Resultado.

Roger Connors e Tom Smith

Vamos imaginar que estamos em um momento crítico da nossa vida e precisamos conquistar um novo patamar de resultado, seja esse financeiro, afetivo, profissional, familiar. Sabemos que é preciso fazer mudanças, e isso começa pela forma com que nos comportamos.

Assim acontece com as organizações. No entanto, muitas vezes elas investem em discutir o novo patamar de resultado pretendido e as estratégias para chegar lá, mas pouco dispostas se mostram para rever o seu comportamento coletivo, a sua Cultura.

A Cultura atual de uma empresa determina seus resultados atuais. Os resultados que se deseja alcançar determinam, em grande parte, a Cultura desejada.

A Cultura atual não é boa ou ruim; ela só não produz resultado diferente.

A sabedoria da Liderança é se preparar para gerenciar a Cultura da empresa e não ser gerenciada por ela. É preciso formar uma massa crítica de pessoas que se aproprie da mudança necessária e garanta o alinhamento entre Cultura e Resultado, ao longo do tempo.

Os líderes eficazes evitam fazer e dizer coisas que tiram a Cultura do seu alinhamento com resultado. Eles criam um ambiente em que as pessoas se responsabilizam pelo desafio de mudança e passam a se perguntar genuinamente: "O que mais posso fazer para criar Cultura desejada e mudar de patamar de resultado?".

Mas esse processo é quase injusto com relação à Liderança. Ela será cobrada por ser referência de posturas de Cultura desejada quando ainda a empresa toda está em Cultura atual. Em especial, da Diretoria se espera uma atuação diferenciada, sendo que ela também é fruto da Cultura atual e, portanto, impactada por todo um contexto que a valorizou por suas competências identificadas com essa realidade. Sem dúvida, sua responsabilidade é de se capacitar rapidamente para fazer os movimentos de renovação, mas terá também que viver um processo de aprendizado para a mudança, muitas vezes no paralelo aos outros líderes e profissionais da empresa.

A Liderança é fruto da Cultura e, por outro lado, é ela a responsável por transformar essa mesma Cultura quando o resultado pretendido impõe mudanças. Nada simples!

Em contextos de forte necessidade de transição cultural, um Projeto de Cultura, baseado no processo educativo dos líderes, é essencial.

Ele precisa mobilizar toda a Comunidade de Líderes, em uma mesma direção, em um fluxo produtivo e mobilizador. Com o tempo, a aprendizagem individual vai dando lugar à aprendizagem coletiva, e o protagonismo se revela mais forte.

Os *slogans* negativos referentes à empresa vão perdendo força, e mais agentes de mudança vão influenciando o rumo e o ritmo das mudanças.

Transição cultural não é uma questão psicológica, mas sociológica. Não se trata de discutir a participação de cada pessoa no processo, mas de como gerenciar um movimento coletivo, mudando crenças e novos formatos comportamentais. A onda coletiva impacta e transforma. As equipes reconhecem sinais do movimento e se reposicionam. Aparecem mais claras as necessidades de revisão de estruturas, sistemas e processos.

Novos perfis profissionais vão sendo desenhados para a seleção de pessoal; novos critérios orientam a avaliação de competências e os planos de sucessão.

A imagem da empresa começa a se mostrar mais atualizada para o mercado. Traços de Cultura desejada estão presentes no cotidiano e o novo patamar de resultado já é tangível.

Se a Direção da empresa se mostrar atenta a todo o processo e orquestrar esse momento com sensibilidade, estratégia e disciplina concretizará a mudança de patamar.

Mas é preciso lembrar que o Projeto de Cultura, com seu foco educativo e mobilizador, termina um dia.

Ele deve ter começo, meio e fim pré-concebidos. Estou falando de um investimento especificamente destinado a alavancar a mudança e não a fazer parte da gestão sistemática da empresa. Ele trará uma experiência coletiva e enriquecedora. Deixará, na empresa, um aprendizado capaz de gerar futuros movimentos.

Mas o projeto acaba. Ele será aplaudido e a cortina fecha. Ele terá feito o seu papel.

Quem continua é a Liderança.

> A busca por novos patamares de resultado é permanente. Gerenciar Cultura é um processo que não tem fim. Ele continuará instigando os líderes a se superarem sempre.
>
> "Movimento é vida", diria Fernando Pessoa. "E vida é movimento".
>
> Manter a empresa viva é a missão da Liderança.
> Fazê-la flexível é seu legado.

UM JEITO ATUALIZADO DE VIVENCIAR VALORES

Não há fatos eternos, como não há verdades absolutas.

Friedrich Nietzsche

Cultura é resultante da história acumulada da empresa e até do comportamento dos seus fundadores. Ela resiste ao longo do tempo, mesmo quando parece já ultrapassada.

É só olhar o mundo hoje, tão globalizado e de comunicação rápida e intensa entre os povos. Nessa rede complexa e interativa, as Culturas dos países sobrevivem muitas até se enrijecendo para não se perderem no caldo comum.

A defesa da própria identidade é um desafio contínuo das organizações, visando sustentar seu conjunto de experiências e de aprendizados. Assim também acontece com o ser humano. A adolescência, por exemplo, nada mais é do que um esforço enorme de libertação para viver a própria identidade, um perfil exclusivo de possibilidades e de diferenciação, ao longo da vida.

Mas a aceleração das mudanças sociais e das relações comerciais exige que as empresas se renovem e se superem, com necessidade inclusive de rever, muitas vezes drasticamente, seu modo de conduzir os negócios e se relacionar. O caminho a ser percorrido nessa revisão, bem como o ritmo do processo, depende de cada empresa, sua história e seus desafios.

Para entender a transição cultural necessária, é preciso discutir a Cultura atual e Cultura desejada, e o ritmo a ser impresso na redução da distância entre elas. Tais processos são mais prementes em situação de fusão de empresas, aquisição, internacionalização. Nesses casos, não se trata de ponderar a necessidade ou não de mudança, mas de contabilizar o que perder e o que ganhar na revisão dos traços culturais presentes. A mudança, normalmente, será imprescindível.

Outros contextos que levam à revisão de Cultura de uma empresa é crise de resultado, risco potencial do negócio ou interesse em abertura de capital, sempre levando à rediscussão de estratégias e estruturas.

É preciso lembrar que transição é processo. Exige definição clara de um rumo a ser perseguido, forte alinhamento de todos os envolvidos com relação ao que se espera e ao que se deixará pelo caminho, investimentos sustentados ao longo do tempo, muita disciplina, comemoração das conquistas parciais e consistência de propósitos durante toda a trajetória.

Mas o que é afinal Transição de Cultura?

Transição é uma dinâmica organizacional coletiva, onde os integrantes do grupo reveem valores e práticas vigentes na atuação profissional e se orientam para um novo jeito de atuar, conquistando padrões de comportamento antes não praticados. Será preciso definir novos perfis profissionais e investir muito em desenvolvimento, especialmente dos líderes, a quem cabe prioritariamente a responsabilidade pela transição.

Mas a delicadeza da transição cultural é não perder energia e nem identidade ao longo do processo de transformação. A essência da Marca corporativa precisa ser preservada.

Na experiência da nossa empresa – a QuotaMais Consultoria -, acompanhamos esforços expressivos dos clientes para conquista de objetivos, tais como:

- Voltar-se mais para mercado e cliente;

- Reduzir distância entre níveis decisórios e ganhar agilidade;

- Ampliar espaços para protagonismo e aprendizagem;

- Equilibrar cobrança de resultado e preocupação com clima interno, para assegurar comprometimento das pessoas ante os desafios;

- Considerar as consequências das decisões no curto prazo e também no longo prazo.

Isso tudo se caracteriza como um modo de atuar, uma maneira atualizada de se comportar coletivamente. Isso é investir em transição cultural.

No entanto, questões ligadas ao modo de ser – Valores essenciais da empresa – normalmente estão menos sujeitos a discussão. É como se a família aceitasse – e até estimulasse – o jovem a se afirmar, a se diferenciar, a ousar, mas não o permitisse negar sua essência, as raízes que o caracterizam e o diferenciam.

Mudança cultural nas empresas é, portanto, mais uma questão de renovação de práticas e menos de mudança de valores; é buscar um jeito atualizado de vivenciar os valores corporativos de essência.

Essa renovação de práticas exige, prioritariamente:

- Sabedoria para separar o que é essência do que é modernização;

- Paciência para persistir quando a evolução parece regredir:

- Coragem para demonstrar consistência entre discurso e prática, durante todo o processo.

Transição cultural só se viabiliza se for instituída na empresa uma consciência clara de que todo o processo vale a pena. É preciso líderes diretivos que sustentem o rumo validado da mudança; é preciso líderes visionários que consigam assegurar significado, a cada um dos envolvidos.

É essa composição que dá segurança e inspiração para os movimentos coletivos renovadores. É nesses Líderes de Mudança – visionários e diretivos – que o mundo precisa investir.

O Ponto de Partida

Transição cultural é um desafio e tanto! Transição cultural é um processo, e não um evento. Está calcado nas pessoas, e não nos decretos. É uma dinâmica coletiva e, portanto, é difícil e muitas vezes lenta. A transição começa quando há desconforto e risco tais como: a concorrência ganhou mercado, o valor da ação da empresa vem decrescendo, o cliente demanda mais inovação. É hora de mudar.
Nesse momento, a situação atual é o "ponto de partida". A tensão é para sair desse ponto. Isso fica claro. Fica claro que é preciso se distanciar da Cultura atual porque essa já não mais responde aos resultados que se almeja, sejam esses de qualquer natureza.
Essa tensão é necessária. Ela vai ganhando força. Aos poucos ganha adeptos, aparecem alguns agentes da mudança, e parece que já se pode iniciar a marcha.
Só um pequeno detalhe não está claro ainda. Pequeno e estratégico: qual o "ponto de chegada"? Qual o novo patamar de resultado pretendido?
Muita conversa ainda vai rolar na mesa. Afinal, cada ponto de vista é a vista de um ponto; e ninguém quer arredar pé das visões próprias. É natural, é humano.
Mas, aos poucos, o grupo vai percebendo que a transição já começou. A Cultura atual é ponto de partida e, portanto, já não acolhe as pessoas com conforto. A pressão está presente.
Agora é preciso sabedoria. O momento é de atenção e estratégia.
É preciso um diálogo aberto para alinhar perspectivas e se posicionar. O tempo começa a exigir decisões e movimentos rápidos.

E há uma boa notícia no ar! Logo, logo se percebe que sonhos de futuro não são tão díspares na cabeça das pessoas. Nas conversas informais e nas reuniões na empresa, esse assunto necessariamente vai ganhando alinhamento e uma perspectiva comum começa a orientar o movimento coletivo.

A transição está a caminho. As lideranças saem na frente. Influenciam e mobilizam. Não necessariamente só as lideranças formais da empresa, mas essas precisam estar se preparando porque sua capacidade de influência vai ser mais e mais exigida.

A questão agora é: como fazer com que – de forma consciente e responsável – cada um de nós vá entendendo nosso papel de integrante nessa história?

Como cada um de nós se dispõe a desenhar o próximo passo, com cuidado e coragem? Afinal é sempre uma ação de aprendizagem, já que o terreno é novo.

Como cada um de nós pode ir ganhando sotaque mais ajustado ao novo linguajar? Agora a conversa é outra.

Como podemos nos apoiar nesses ensaios de mudança onde ainda não se vê referências, seja dos mais antigos, seja dos mais novos de empresa? Também os processos não estão prontos para esse novo pensar, nem os instrumentos estão preparados.

E é isso mesmo.

Toda transição é desafio e é aprendizado. Faz parte da sua própria natureza.

Só o que se sabe é que "o pior naufrágio é não partir", diz Amyr Klink, o navegador brasileiro. E todos entendem as razões: a história de sucesso da empresa tem que ser mantida, o cliente enxergou mais longe, a concorrência está mais e mais presente, o perfil dos profissionais mudou, a forma tradicional de fazer negócio não fará um resultado diferente, o mercado exige renovação todo dia, a empresa quer sustentabilidade e as pessoas necessitam evoluir.

O movimento coletivo vai ganhando ritmo e os indicadores vão mostrando evolução. Em algum momento, o clima fica mais aberto e já se percebem conquistas e um novo jeito de ser. A energia se renova.

> A comemoração será necessária. Ela vai coroar uma conquista: o resultado pretendido inicialmente já é viável.
>
> Todos saberão que mudaram e que a empresa mudou, embora o "ponto de chegada" possa ser definido novamente. Transição é processo contínuo e não acaba nunca.
>
> Mas o mercado acompanhou tudo de perto e, nesse momento, como um parceiro sábio e respeitoso, ele cumprimenta.
>
> A credibilidade foi reforçada. O futuro está presente.

CULTURA NAS EMPRESAS EM START-UP

Empresas em processo de *start-up* não têm como discutir transição cultural, é óbvio. Elas estão em formação. Mas precisam discutir Cultura.

Normalmente tais empresas investem energia, tempo e *know-how* dos seus profissionais para detalhar a projeção de futuro, as oportunidades e desafios, e a proposta de atuação para seus primeiros anos de vida.

Na sequência, a definição de uma estrutura organizacional e de um plano de trabalho consome esse time empreendedor estimulado pelo desafio da concepção e da construção dos alicerces de um negócio.

A questão cultural, no *start-up*, normalmente fica restrita à definição da Missão e Valores corporativos, lado a lado à definição da Visão de futuro. É possível que esse exercício seja assumido somente pelos principais executivos responsáveis pela concepção da empresa. No caso de empresas multinacionais, os direcionadores da matriz normalmente determinam tais enunciados.

No conjunto, esses conteúdos estratégicos são essenciais para o alinhamento das discussões e decisões, mas podem ficar só como uma referência e não como uma escolha de fato.

Se os textos de Missão e Valores forem somente alinhavo de conteúdos porque são socialmente valorizados, serão registrados e divulgados e, na prática, esquecidos.

Por outro lado, tais conteúdos serão estratégicos para inspirar a concretização do empreendimento se forem concebidos a partir de diálogos estruturados e eficazes, que respeitem concomitantemente dois parâmetros base, a saber:

1. Valores Pessoais: é preciso que os envolvidos na discussão se reconheçam nesse produto coletivo. Caso contrário, há risco de não se identificarem com a proposta e não assumirem compromisso com sua implantação;
2. Visão do Negócio: é preciso assegurar que a Missão e os Valores façam sentido para o Negócio, seu mercado, seu público, seu passado e seu futuro, e se constituam em um diferencial estratégico.

Como exemplo de Valor Corporativo, destacamos um do Grupo Votorantim – "Empreendedorismo" -, descrito como: "Crescer com coragem para fazer, inovar e investir".

Tive a oportunidade de coordenar o processo de concepção dos Valores da Votorantim, como apoio inclusive aos desafios da internacionalização. Esse processo envolveu acionistas, executivos e profissionais das diferentes empresas do Grupo, no resgate do que realmente é a essência da marca e que precisa estar representada em qualquer contexto em que essa marca se apresente. Nossa consultoria se orgulha de ter participado dessa construção, pela seriedade com que as pessoas nela trabalharam e pela contribuição dessa família e desse Grupo, à história do país. Os Valores Votorantim respeitam sua trajetória de sucesso, orientam o presente e inspiram o futuro.

Nesse projeto, foi desafiador sintetizar em poucos Valores corporativos toda a essência da marca. Mas a história do Grupo nos ajudou. Ela revelava claramente o seu eixo de inspiração, o seu padrão de conduta ao longo dos anos.

No caso das empresas em formação, essa construção estará, muitas vezes, mais apoiada nos valores pessoais do grupo chamado a concebê-las. A responsabilidade não é pequena.

Após o consenso de Missão e Valores, é preciso ampliar a discussão e clarificar a dinâmica organizacional (Cultura) que garantirá a prática desejada. Cultura não se restringe aos enunciados dos Valores corporativos.

Questões provocativas na conexão Valores-Cultura: "Para a prática desses Valores (exemplo: Empreendedorismo), é preciso uma relação mais formal ou mais próxima entre os níveis hierárquicos? É preciso mais controle ou mais abertura para risco? Qual deverá ser o equilíbrio entre foco no resultado e foco nas pessoas para tais conquistas?".

> Destaque-se que questões culturais precisam ser repassadas tendo uma perspectiva de resultado específico a ser conquistado, mas não é uma conquista a qualquer custo.
> Será uma conquista calcada em Valores.
> E o negócio se beneficiará dela, hoje e amanhã.

OPONENTES E NEUTROS NA TRANSIÇÃO CULTURAL

Transição cultural exige esforço coletivo, conforme já comentado. Afinal, trata-se de uma revisão na forma de gerenciar, na prioridade que se dá às coisas, no modo de desenvolver o trabalho, na relação com o cliente. A conquista de um novo ambiente cultural exige tempo – pelo menos dois a três anos – e lideranças engajadas no processo e dispostas a desenvolver novas competências, em si e nas equipes. Aos líderes se atribui o rumo, o ritmo e o sucesso da mudança. A empresa será o que o conjunto das suas Lideranças construir.

Durante o processo de transição cultural, diferentes papéis são assumidos, desde aqueles que abrem possibilidades e mobilizam pessoas positivamente, até aqueles que podem impedir qualquer transformação. Esses dois extremos se constituem em forças influenciadoras, com posicionamentos opostos. Entre eles há um contínuo de possibilidades, cada um com suas consequências.

Há profissionais que entendem rapidamente o apelo de mudança e investem na própria evolução, em um novo jeito de atuar. Razões dessa adesão? Pode ser que seus valores pessoais estejam mais alinhados com a Cultura pretendida do que com a Cultura atual. Pode ser porque percebem mais coerência na proposta de futuro da empresa, em função de movimentos do mercado. Pode ser porque estão muito insatisfeitos com as oportunidades externas no momento.

O que importa é que esses profissionais são os agentes da mudança que não somente se mostrarão referência das práticas desejadas no ambiente de trabalho, como também mobilizarão outras pessoas para que a dinâmica coletiva se movimente. Dentre esses, alguns serão conhecidos como Líderes da Mudança, inspirando a comunidade de profissionais a se posicionar dentro dos novos valores e práticas.

Agente é o protagonista da mudança. Ele sabe que muito depende dele e faz a sua parte. Seu exemplo e seus argumentos mobilizam outras pessoas para o movimento e ele vai reforçando o grupo durante a caminhada e gerenciando a motivação das pessoas. Por exemplo: agente é aquele líder que envolve seu time na avaliação sistemática do que já foi conquistado, parabeniza pela evolução e reafirma os objetivos e indicadores do processo de mudança.

Por outro lado, há pessoas que lutarão contra, seja porque a relação com a empresa já está abalada e a energia para lutar por ela se esgotou, seja porque o esforço de mudança pessoal é tão grande que não vale a pena o investimento. Pode haver inclusive incompatibilidade entre valores pessoais e organizacionais. São os oponentes e parte deles será especialmente nociva ao processo porque, dada sua capacidade de influência, levará outros a resistir e mesmo a participar de um contra movimento. Desse grupo faz parte – segundo Paulo Gaudêncio, psiquiatra e palestrante – aqueles que ficam em pé no barco, falando alto e reclamando; são os "malcriados", sem contribuição alguma.

Oponente é aquele que apresenta críticas não construtivas, pouca disponibilidade para mudança pessoal, normalmente valoriza o passado e só defende interesses particulares. Por exemplo: é oponente o líder que utiliza frequentemente *slogans* negativos com relação à empresa e sua capacidade de renovação, tal como "isso sempre foi assim e não vai mudar".

No meio disso tudo se instala o grupo de neutros, muitas vezes peso pesado nos processos de transição. Não se movimenta e não se envolve; fica deitado no barco. A apatia demonstra ausência de compromisso com o rumo estratégico e o futuro da empresa. Essa postura pode se dar por falta de confiança na Liderança e na possibilidade de mudança, por medo do desconhecido, por comodismo ante o contexto atual ou mesmo por falta de posicionamento nas questões do trabalho e da vida.

Neutro é aquele que se comporta como expectador do processo e até coleciona justificativas para seu distanciamento. Por exemplo: em uma reunião de plano de ação para a mudança, o neutro não se posiciona e depois não muda em nada sua rotina em função do que foi discutido; explica que prefere esperar para ver as primeiras iniciativas, diz que ainda não teve tempo de tomar providências.

Ante isso tudo, reafirme-se que transição cultural não é simples.

Exige uma estratégia clara de como atribuir cada vez mais poder aos agentes, reduzir a influência dos oponentes (ou mesmo o número deles na empresa) e investir nos neutros para que percebam benefícios do processo para si próprios e caminhem para a posição de agentes. Muitas vezes isso exigirá somente mais informação; em outras situações talvez seja necessário reequilibrar a equação esforço *versus* benefícios (ampliar os ganhos para a mudança pessoal).

Essa é a responsabilidade maior dos líderes estratégicos nos movimentos culturais.

Olhar atento, proximidade, ação rápida e perseverança.

Vamos conferir os comportamentos inerentes a cada papel assumido na transição cultural, acrescentando inclusive o papel de aderente: "comprou" a proposta, mas ainda não atua a favor da transição.

Agente	• Realiza ações claramente relacionadas à Cultura desejada e novo patamar de resultado • Mobiliza seus interlocutores (colaboradores, pares e até liderança), em direção à Cultura desejada, com ritmo e disciplina
Aderente	• Utiliza, na linguagem do dia a dia, os conceitos da proposta de mudança • Compartilha com os demais (colaboradores, pares e liderança) sua percepção positiva sobre o processo de transição em andamento

Neutro	• Comporta-se como espectador do processo de transição • Desperdiça oportunidades de exercer a influência e o protagonismo
Oponente	• Valoriza perfis e práticas identificadas com a Cultura atual • Utiliza frequentemente *slogans* negativos com relação à empresa e sua capacidade de renovação

Em processos de transição é preciso considerar a convivência de todos esses personagens e seus mútuos impactos. É como disse um pai quando teve filhos gêmeos: "não se trata de criar duas crianças; tenho ainda que trabalhar a relação entre elas".

> A gestão da transição cultural exige mapear os perfis dos envolvidos, entender seus níveis de influência positiva ou negativa e orquestrar o movimento, em uma única direção, ou seja, a Cultura desejada.
> Teremos a satisfação de ver pessoas se desenvolvendo; outras eventualmente se afastando.
> Essa é a beleza do movimento coletivo; essa é sua força.

Você e a Cultura da Empresa

Cultura organizacional é o modo de ser e de atuar de uma comunidade.

Quando se fala em mudar Cultura, todo o esforço é para rever a dinâmica coletiva do grupo e a interdependência de pessoas e áreas.

Essa dinâmica exige, de cada um dos envolvidos, um esforço pessoal. O conjunto é maior do que a pessoa, mas não independe dela. Em um processo de mudança, é preciso falar a cada mente e a cada coração. Todos serão importantes.

Portanto, você – ante uma perspectiva de mudança do contexto do qual faz parte – precisa entender com clareza a realidade atual e desejada, compará-la com suas expectativas e fazer uma opção.

Se seus desejos e valores estão em linha com a proposta organizacional, ótimo! O esforço será mais suave, qualquer que seja o desafio.

Caso contrário, é preciso ponderar se compensa interferir no rumo escolhido mostrando que há formas de mudança mais efetivas, ou se é melhor escolher o seu caminho particular, que passará, quem sabe, pela busca de novas oportunidades de trabalho, outros ambientes, diferentes perspectivas.

Em movimentos de transição, é preciso que fiquemos atentos à nossa motivação, em todas as fases do processo. Especialmente porque vamos ser chamados a rever posturas e aprender novas habilidades, é preciso garantir energia pessoal elevada para esse investimento adicional.

Portanto, é preciso conhecer bem o que nos faz motivados e o que desperdiça nossa energia, todos os dias da jornada. É preciso entender onde e como se pode buscar combustível para sustentar motivação, apesar das dificuldades e dos desafios, porque essa responsabilidade é nossa.

A empresa tem o papel de criar ambientes motivadores e os líderes, em especial, precisam entender o que motiva suas equipes e contribuir no cotidiano do trabalho. No entanto, se falharem esses agentes externos, a cada um de nós cabe buscar o que nos faz motivados. É preciso garantir hábitos diários e relações com o mundo que favoreçam esses alimentos essenciais à nossa energia e entusiasmo.

Segundo David McClelland – pesquisador de Harvard e estudioso de Motivação – o ser humano pode se diferenciar pelo Motivo que mais o caracteriza: necessidade de desafio permanente (gosto por superação), necessidade de laços de afiliação (ser apoiado, ser aceito) ou necessidade de influência (ser destacado, exercer poder). São necessidades humanas, mas em doses específicas em cada pessoa e – curiosamente – sustentadas na mesma proporção, ao longo da vida. Natureza motivacional é característica relativamente estável através dos anos; faz parte da essência pessoal.

Considerando essa abordagem de McClelland, em transição cultural a empresa deve explicitar claramente o rumo e o ritmo do processo pretendido, e também garantir ambientes onde estejam presentes espaços de autonomia (para motivar pessoas essencialmente necessitadas pelo desafio), apoio às pessoas (para motivar aquelas essencialmente motivadas por acolhimento, afiliação) e possibilidade de exercer influência sobre outros (para motivar aquelas que necessitam de destaque e espaço de mobilização).

> Paralelamente – e não menos importante – os profissionais precisam ampliar seu autoconhecimento para poder realizar um trabalho maduro e produtivo. Eles precisam atuar com sabedoria para garantir alimentos adequados ao que interessa à sua motivação, no trabalho e na vida.
>
> O conceito de Motivação coincide com o conceito de Felicidade.
>
> Portanto, vale a pena o investimento em se descobrir e se alimentar nas doses exatas dos seus motivos mais relevantes.

Qual a Causa Inspiradora?

Todo empreendimento tem uma razão de ser (Missão) e um sonho (Visão futura). Raramente na história de uma empresa, sua Missão se altera, porque é um propósito essencial e permanente. Já a Visão normalmente tem uma perspectiva de tempo, ainda que se sustente por longos períodos (10, 15 anos).

Visão é uma meta audaciosa – ou um conjunto de poucas metas – a ser conquistada. Ela é descrita com emoção e convicção, trazendo uma imagem atraente para qualquer *stakeholder*: denota sucesso, destaque, superação. A Visão responde a perguntas como: "o quê?", "onde?", e é referência para que se alinhem caminhos, apostas, decisões estratégicas e Cultura desejada. Ela demanda leis e normas que definem o que fazer. Ela é uma ação da empresa sobre as pessoas.

Normalmente um novo patamar de resultado está identificado à Visão: é parte dela ou um desafio anterior para chegar lá.

A Causa, por outro lado, é a alavanca. Ela faz sentido para os envolvidos; ela é inspiradora. Ela responde a perguntas como: "para quê?", "o que isso tem a ver comigo?".

A Causa tem um posicionamento ético, está ligada à consciência, fala da ação das pessoas sobre a empresa: "qual é o legado que queremos deixar?". Ela pode sustentar a empresa por todo um ciclo de mudança.

Quando o resultado esperado pode ser trabalhado como Causa, ele tem força multiplicada enquanto acelerador do processo de transição. Por exemplo: a internacionalização da empresa pode ser um resultado esperado. No entanto, ela pode ser transformada em Causa se for apresentada com predicados que tenham significado para as pessoas como por exemplo: destaque do seu país no *ranking* mundial, oportunidades de carreira internacional.

A Visão precisa ser estimulante, desafiadora, mas só a Causa gera uma relação de reciprocidade, de compromisso. Ela revela os propósitos dos acionistas e principais executivos, o que eles valorizam e que natureza de empresa eles querem construir para os profissionais e a comunidade, em geral. A Causa está voltada para o bem-comum e fala ao coração das pessoas e à sua motivação, enquanto que a Visão fala à razão e ao dever.

Para a descrição da Visão é necessário conhecer o negócio, suas tendências, seu mercado e posicionar-se com ousadia. O rumo estará definido.

Para assumir uma Causa é preciso entender as pessoas, suas necessidades e suas expectativas. É preciso trabalhar a favor da mobilização delas e da sua energia. O ritmo estará assegurado.

> Qualquer processo de transição cultural está destinado ao fracasso se a Causa for considerada desprezível ou insuficiente.
> Ele carecerá de sentido.

2. Projeto de 2-3 anos

O NOME É CULTURA E LIDERANÇA

> *A mudança, como diz o ditado, é uma viagem. Mas as pessoas que nela embarcam necessitam de algo mais do que uma visão da direção que estão seguindo. Hoje, mais do que nunca, elas precisam também de orientação prática sobre como empreender a viagem propriamente dita e superar os riscos econômicos e psicológicos quase sempre associados a mudanças fundamentais.*
>
> Douglas K. Smith

A importância estratégica de um processo de transição cultural justifica investimentos relevantes.

É verdade que determinadas situações levam a mudança, ainda que não se invista especificamente nela, como são os casos de fusão ou aquisição.

Outros contextos estimulam a transição com mais urgência (exemplo: preparação para IPO, crise de resultado), ou com menos urgência (perda paulatina de *market share*, declínio gradual da atratividade da marca).

Em quaisquer situações, é preciso gerenciar adequadamente a transição para que os impactos sejam os melhores possíveis no clima interno, na imagem externa, na implantação da estratégia do negócio e nos resultados.

Esse esforço não se dá por apelos isolados. Ele exige um novo posicionamento de toda a Liderança, de forma ordenada e com objetivos claros a serem conquistados.

Dado esse desafio, é preciso formatar um projeto especificamente voltado para alavancar a Cultura na direção correta e no tempo certo.

O foco prioritário de um Projeto de Cultura é inspirar líderes e aportar metodologias para renovar a Cultura, para que ela produza profissionais capazes de executar a estratégia e mudar o desempenho organizacional. Para valorizar essa integração entre Cultura e Liderança, a proposta inclusive é que se nomeie o investimento como Projeto Cultura e Liderança (PCL).

Quando esse processo educativo e de alinhamento dos líderes se põe em movimento, além de mudanças comportamentais, esses mesmos líderes criarão desdobramentos importantes para sustentar o movimento cultural, tais como instituição de fóruns de compartilhamento de informação e de estratégia, revisão de políticas e de sistemas de gestão de pessoas, revisão de estruturas organizacionais, criação e qualificação de processos, novos negócios. Quando alinhados, os líderes se organizarão para as iniciativas de mudança necessária e terão apoio para os desdobramentos e investimentos decorrentes.

Para orientar a estruturação e o monitoramento bem sucedidos do Projeto Cultura e Liderança é preciso assumir que transição cultural é:

1. Movimento estratégico porque tem foco no resultado do negócio, com mudança de patamar de resultado;
2. Dinâmica humana, coletiva e emocional; exige disponibilidade para lidar com resistências e emoções (receios, medos, dúvidas);
3. Processo e, portanto, prevê planejamento e revisões; exige aprendizagem e perseverança;
4. Responsabilidade da Liderança, pois cabe aos líderes a construção do resultado e do futuro da empresa. É preciso investir no desenvolvimento de uma massa crítica – uma Comunidade de Líderes – que faça a diferença.

Considerando tais premissas, um projeto estruturado de Cultura e Liderança exige pelo menos dois a três anos de vigência. A partir daí, a transição pode continuar sem esse recurso de apoio, desde que se tenha assegurado na empresa alicerces importantes como:

- Linguagem comum sobre Cultura desejada e novo patamar de resultado;
- Compromisso coletivo com a transição;
- Indicadores de conquista da Cultura desejada e sistemas de recompensa a ela alinhados;
- Líderes agentes de mudança;
- Pouco espaço para a influência de oponentes ao processo;
- Prática criteriosa de gestão de pessoas a favor da mudança;
- Conquista do novo patamar de resultado, ainda que parcial.

> Acima disso tudo, é preciso que o grupo diretivo assuma a missão de sustentar a renovação contínua e o aprendizado organizacional. Se os outros grupos desacelerarem, cabe a ele a responsabilidade de fazer valer o investimento já alocado e respeitar a esperança coletiva em um futuro renovado.

DÚVIDAS FREQUENTES

A decisão de investir em um projeto de Cultura e Liderança passa pela discussão de questões críticas sobre o tema e seus impactos.

Quero compartilhar minhas considerações a respeito das perguntas mais frequentes que tenho recebido de executivos e empresários.

1. Qual é o impacto da Cultura na estratégia de negócio?

Cultura é o conjunto de crenças, valores e práticas que baseia escolhas estratégicas tais como investir no curto ou no longo prazo? Buscar resultado a qualquer custo? Evitar incertezas do mercado ou correr risco? Para se responsabilizar pelo futuro da empresa, os líderes necessitam manter diálogos sobre o quanto a Cultura instalada está a favor das melhores escolhas estratégicas do negócio ou o quanto ela necessita ser reorientada. Em Cultura, não há certo ou errado, mas há sempre uma proposta cultural que favorece escolhas e implementações estratégicas mais eficazes, em determinado estágio da empresa.

2. A quem cabe definir a Cultura desejada?

Recomenda-se envolver todos os níveis de Liderança nessa definição para assegurar qualidade no conteúdo e também adesão ampliada, na etapa subsequente: o processo de transição. De qualquer forma, é à Direção da empresa que se atribui a responsabilidade de validar a proposta final do rumo e do ritmo da transição pretendida.

3. Qual a relevância de uma Pesquisa de Cultura no *start-up* de processos de transição cultural?

Reconhecemos a importância de um diagnóstico estruturado, em situações específicas, como por exemplo, em processos de fusão de duas diferentes culturas. Também recomendamos esse diagnóstico preliminar quando em empresas muito diversificadas, seja em termos de negócios, seja em termos de descentralização geográfica (inclusive diferentes países). Em outros contextos, nossa opção é por considerar a discussão sobre Cultura atual e desejada já como parte do processo educativo. Envolver os líderes em diálogos a respeito do tema amplia capacidade de percepção sobre a realidade e sobre seus próprios valores pessoais, e favorece o alinhamento e o compromisso ante o que vier a ser consensado.

4. Qual o tempo médio de um processo de transição?

Provavelmente a transição será contínua porque o mercado assim o exigirá. No entanto, é preciso estabelecer a duração do investimento no Projeto Cultura e Liderança, até para avaliação do próprio processo. Temos trabalhado com perspectiva de dois a três anos.

5. Qual a demanda de investimentos que um processo de transição pode trazer para a empresa, em decorrência do processo educativo?

O Projeto Cultura e Liderança busca mudanças comportamentais que levarão a mudanças organizacionais e novo patamar de resultado. Esse é o propósito. Algumas dessas mudanças podem ser desenvolvidas no âmbito da própria equipe (como por exemplo, implementar uma sistemática de atualização da equipe e de decisões em time; eliminar processos burocráticos sem valia); entre áreas (ex.: definição de um time multidisciplinar para condução de determinado projeto que tradicionalmente seria gerido somente por uma das equipes); no âmbito da Diretoria (ex.: os executivos passam a trabalhar em colegiado); no âmbito institucional (ex.: atualizar a política de remuneração reforçando critérios de meritocracia; contratar uma equipe específica para revisão dos processos chave da empresa; eliminação de nível hierárquico para ganhar sinergia). A natureza e a complexidade dessas ações impactarão custos ou não, mas todas exigirão esforço estruturado para mudança.

6. Qual a correlação Clima e Cultura?

Cultura é o jeito de ser e de agir de uma empresa. Clima é o grau de satisfação coletivo a respeito desse jeito de ser e de agir. No *start-up* de um processo de transição cultural, e durante as primeiras etapas do mesmo, esse grau de satisfação pode diminuir, dado o desconforto natural perante mudanças reais ou potenciais. É preciso gerenciar essa flutuação e buscar patamares positivos de satisfação interna, no menor espaço de tempo possível. É importante manter uma sistemática de pesquisas de Clima, nos processos de transição cultural.

7. A quem cabe o monitoramento do processo de transição?

Por se tratar de um investimento estratégico e institucional, cabe à Direção da empresa essa responsabilidade. Normalmente a área de Recursos Humanos assume a coordenação do Projeto Cultura e Liderança (PCL) e também o papel de *ombudsman* da Cultura desejada, no cotidiano da empresa. Sua contribuição é de extremo valor no processo todo. Uma prática que estimulamos é a composição de um Comitê do PCL, integrado por diretores que assumem a responsabilidade pela qualidade do processo e a adesão do mesmo às estratégias da empresa.

8. Qual o papel da consultoria externa em projetos de transição cultural?

Cabe a esse parceiro aportar metodologias e assumir a condução dos eventos educativos (encontros, *workshops*, sessões, apresentações). Ele atua como *expert* e normalmente tem atribuições diversificadas e complementares, a depender da negociação no cliente: desenho do projeto (definição do escopo e da população-alvo a ser envolvida; etapas, fluxos, conteúdos), condução dos eventos, *coaching* da Liderança, aporte de referências de mercado, mobilização interna, apoio à comunicação institucional para a transição. Essa intervenção exige expertise – normalmente não disponível nas empresas – e espaço de influência que muitas vezes é garantido pela própria contratação de *know-how*.

Da consultoria se espera que intervenha no *status quo* para alterá-lo, ainda que se possa boicotar essa intervenção dadas resistências internas ao processo de mudança. Para manter-se parceira, a consultoria precisa garantir conquistas parciais nos primeiros meses de projeto e uma relação de confiança que lhe possibilite ser ouvida e respeitada, mesmo em momentos críticos.

> Provavelmente você e sua empresa tenham outras tantas perguntas a serem respondidas antes de investir na transição. A recomendação é ampliar o diálogo a respeito do tema, conhecendo o que o mercado tem feito, suas conquistas e seus aprendizados.
> Cada processo será sempre único, mas a rede de apoio e de conhecimento é um tesouro que não se desperdiça.

Etapas Semestrais Funcionam

*O único lugar onde o sucesso vem antes do trabalho
é no dicionário.*

Albert Einstein

Um processo de transição cultural não se viabiliza no prazo inferior a dois anos, a não ser que a empresa seja pequena, muito focada e ousada para tomar decisões de ruptura e reconstrução. No geral, um processo de transição necessita de tempo para mostrar resultado. Às vezes pode surpreender revelando prematuramente sinais de mudança, mas é possível que sejam isolados e parciais. Nossa experiência recomenda um investimento concentrado de dois a três anos em educação para novos comportamentos. Na sequência, estima-se um trabalho sistemático de revisão de estruturas, processos e sistemas, provavelmente já iniciado, no primeiro ou no segundo anos do processo.

Metodologicamente, conforme mostra a Ilustração 1, nós da consultoria trabalhamos com a perspectiva mínima de seis etapas, com duração semestral cada uma delas, sendo as quatro primeiras destinadas, em especial, ao processo educativo ou Projeto Cultura e Liderança (PCL).

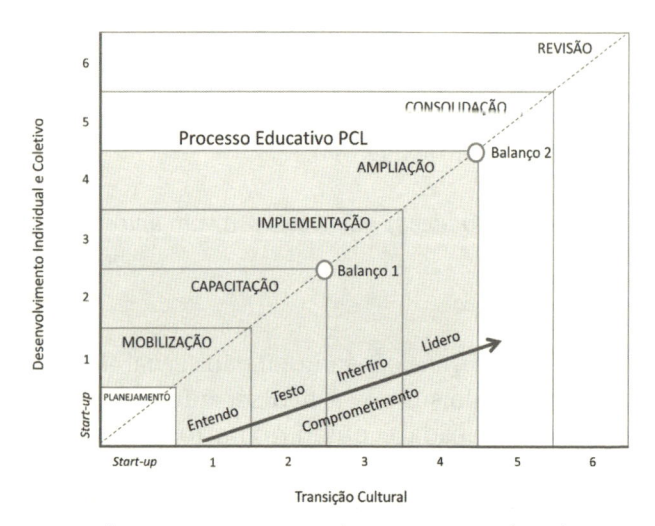

Ilustração 1 – Etapas da Transição Cultural

Nos dois anos destinados especificamente ao PCL, é preciso aportar metodologias de desenvolvimento individual e coletivo, de forma evolutiva, com grande sensibilidade para mobilizar as pessoas em torno da Causa da mudança e para gerenciar produtivamente resistências, dificuldades e retrocessos que, sem dúvida, acontecerão. Faz parte.

Nesses dois anos, a importância da comunicação interna é crítica, reforçando o caminho da transição e sustentando o alinhamento dos profissionais em uma mesma direção. De maior impacto na caminhada, será a consistência da gestão nesse período no que diz respeito à mudança desejada. O que não é fácil.

Se houver consistência plena desde o início, provavelmente a empresa já está em outro estágio ou o apelo de mudança é acanhado. O que eu acredito é que, especialmente no primeiro ano do projeto, a Diretoria e demais líderes ainda estarão se alinhando e buscando entender a evolução necessária e como precisa ser o seu impacto nessa proposta. Eles precisam ampliar autoconhecimento para reconhecer suas possibilidades de atuar de forma diferente e fazer a mudança acontecer.

Deles não se espere que estejam prontos. Só precisam evoluir mais rapidamente que os demais.

Essas e outras questões importantes no processo estão detalhadas a seguir, em cada etapa proposta.

Start-up – Planejamento

A etapa de Planejamento da Ilustração 1 inclui a busca de alternativas de investimento na mudança, dado que a decisão de investir já foi assumida. A necessidade de trabalhar o tema Cultura, qualquer que seja o formato, já se mostrou crítica a ponto da Direção da empresa entender que é chegada a hora.

A seguir, relaciono razões dessa decisão, com as quais eu me deparei no trabalho como consultora:
1. Renovação: empresa com histórico de sucesso e marca forte reconhece perdas de mercado e/ou de rentabilidade e precisa recuperar liderança, força da marca;
2. Superação: novos *players* no mercado despertam a empresa tradicional para mais inovação, novos mercados e segmentos;
3. Crescimento: a visão da empresa é ampliar produção, rede de cliente, expansão geográfica, para continuar competitiva;
4. Alinhamento: nos casos de fusão e aquisição, é reconhecida a necessidade de discutir a Cultura a ser implementada e investir na sua conquista. Por opção estratégica, esse processo pode ser de integração cultural (cada empresa envolvida contribui com valores e práticas considerados de interesse na nova dinâmica organizacional) ou referência cultural (uma das empresas é reconhecida como a escolha de sucesso, em termos culturais, e seus valores e práticas devem ser disseminadas no todo);

5. Preparação para IPO: há necessidade de investir em uma identidade corporativa e na qualidade da gestão visando novo patamar de resultado e posicionamento atrativo da marca. Os investimentos em Cultura têm sido valorizados porque voltados a estratégias de longo prazo.

É na etapa de Planejamento que se discute com *experts* os *cases* de sucesso do mercado e alternativas de intervenção. São contratadas parcerias para viabilizar o projeto, é aprovado o escopo de trabalho, negociados os investimentos financeiros e detalhado o planejamento das etapas sucessivas, considerando características do negócio e da empresa e, especialmente, seu apetite para a mudança. Essa etapa pode demorar mais de seis meses, mas a ansiedade presente após a decisão de que é preciso investir normalmente faz desse período uma aceleração. Há um caminho; vamos em frente. E isso é apaziguador.

Pela minha experiência – e eventual parcialidade -, ressalte-se que a escolha da consultoria parceira para a condução do processo educativo faz diferença no processo. Não se trata de contratar somente expertise em treinamento de líderes, mas uma parceria que agregue metodologias inovadoras e que também se faça respeitada porque serão muitos os entraves e os retrocessos, as resistências e as dificuldades nesse caminho, com risco de rupturas e fracasso. Sustentar a "chama acesa" pode ser o desafio maior na trajetória desse herói coletivo.

Destaque-se ainda que a etapa de Planejamento já é rica em termos de mobilização dos líderes envolvidos (foco prioritário da etapa subsequente). Muito se discute e se conclui a respeito da responsabilidade deles nas decisões em andamento. Assumir uma decisão compartilhada amplia o diálogo e já trabalha sentimento de time, o que favorece o desdobramento do projeto.

Etapa 1 – Mobilização

Essa etapa inaugura o processo educativo por excelência. Em geral, ele se inicia com um encontro da Direção da empresa discutindo Cultura atual e Cultura desejada, sempre com o pano de fundo do negócio, suas exigências, seu mercado e sua visão de futuro.

Normalmente se usufrui nesse momento, de conteúdos do mais recente exercício de Planejamento Estratégico da empresa. Objetivos e metas de curto prazo – e uma perspectiva de médio e longo – asseguram que a discussão de Cultura fique ancorada na perspectiva de resultado.

É preciso levar o grupo participante a sintetizar qual é o patamar atual de resultado da empresa representado por dois ou três resultados já conquistados e qual é o patamar desejado (nova perspectiva).

É compreensível que a Cultura atual provavelmente não dê conta de construir o resultado desejado se ele for inovador; senão já o teria feito. Para conquistá-lo, será preciso evoluir para uma nova dinâmica das relações e do trabalho.

A partir de agora, vou assumir uma linguagem simplificada para os elementos principais dessa discussão. Ela está baseada na abordagem de mudança cultural, de Roger Connors e Tom Smith:

R^1 = Resultado atual
R^2 = Resultado esperado
C^1 = Cultura atual
C^2 = Cultura desejada

Obs.: Essas siglas e outros termos da metodologia aqui proposta estão contemplados no glossário, ao final do livro.

Exemplos de R^1 para R^2:

- De Liderança no mercado local para Liderança na América Latina;

- De Marca de tradição para Marca de modernidade;
- De Qualidade reconhecida para Rentabilidade superior.

O próximo desafio é aportar para essas discussões uma metodologia que organize o diagnóstico de Cultura de forma objetiva, de preferência com indicadores quantitativos. A linguagem do executivo é normalmente prática e esquemática. É preciso que ele reconheça que percepções qualitativas sobre Cultura organizacional estão apoiadas em fatos e dados, e que dimensões de análise previamente assumidas levarão a um diálogo orientado e a um resultado estruturado da transição cultural, até registrado numericamente, se possível.

Minha experiência na condução de grupos nessa etapa do processo revela possibilidade de muito alinhamento entre os líderes (em culturas fortes, grupos maduros) ou quase total discrepância de percepção quanto à Cultura atual e desejada (empresa ou grupo em formação, momento de fusão ou aquisição, *stress* organizacional).

Em qualquer das situações, traduzir percepções e sentimentos de forma estruturada e ganhar alinhamento quanto a essas dimensões, em si, já é um produto relevante para a Liderança da empresa. Ela conquista uma linguagem comum a favorecer próximas etapas do processo.

De qualquer forma, discutir a dinâmica organizacional é mais fácil do que acessar a própria responsabilidade de tê-la feito assim ou de transformá-la.

A recomendação é introduzir, nesse primeiro encontro, uma avaliação de Estilos de Liderança dos executivos participantes já que "Cultura e Liderança são dois lados da mesma moeda", conforme afirma Edgard Schein, referência em estudos de Cultura organizacional. Os comportamentos (Estilos) vigentes são reforçados pela Cultura atual, ao mesmo tempo em que a reforçam.

Os executivos devem ser orientados a se avaliarem por instrumentos próprios disponibilizados no Projeto Cultura e Liderança e comparar seus resultados com a avaliação que receberão de outros profissionais da empresa, convidados para o processo. Esse *feedback* estruturado os ajudará a entender melhor o impacto da sua atuação no resultado, no clima interno e na Cultura. Na sequência, é possível trabalhar, mais diretamente, a responsabilidade de promover mudanças pessoais para movimentar a Cultura organizacional.

Depois do mapeamento de Cultura e do *feedback* de Estilos, os participantes do encontro são orientados a discutir sua dinâmica como grupo e o que precisa evoluir para que esse time estratégico lidere a transição cultural definida. Tema recorrente nessas discussões é o fato desses executivos precisarem atuar como membros da Direção da empresa, antes de se assumirem como diretores de áreas de especialidade. Para construir essa responsabilização coletiva pelo processo de mudança, na maior parte dos casos, é preciso antes investir na ampliação de relações de confiança no grupo. Isso exige um trabalho de criação de ambientes onde todos possam mostrar as suas vulnerabilidades e pedir apoio. Trabalhos de *teambuilding* podem ser programados para esse time, na sequência e em função dos *workshops* de Cultura.

Após a discussão de Cultura e Estilos na Diretoria, a recomendação é que esse trabalho se desdobre para os demais níveis de Liderança, organizados em grupos, preferencialmente mesclando áreas e níveis hierárquicos, para que as discussões sejam produtivas e eficazes. O foco será o mapeamento de Cultura e as avaliações de Estilos; a discussão da dinâmica do grupo ficará reservada somente à Diretoria, que se constitui em um time que, em princípio, toma decisões compartilhadas; os demais grupos são mais dispersos, nesse sentido.

Ao final da sequência de encontros, é importante apresentar o resultado consolidado do mapeamento de Cultura atual e Cultura desejada à Diretoria, que então valida uma proposta final de transição a ser perseguida, nos anos subsequentes. A Diretoria tem a responsabilidade de assumir esse posicionamento estratégico – C^1 para C^2 – e de divulgá-lo para a empresa.

Observe-se que um processo de diagnóstico assim participativo elimina riscos de imprecisão no resultado final. A Cultura desejada será considerada uma produção coletiva e os líderes envolvidos já começam a se apropriar do desafio da transição cultural, porque construída por eles.

Na sequência, é importante estimar formas de orientar cada um dos líderes na compreensão dos *gaps* culturais e dos formatos para minimizá-los, no cotidiano do trabalho. É preciso apoiar cada um na ampliação do repertório pessoal de Estilos de Liderança para que assumam práticas cada vez mais alinhadas à Cultura desejada.

A recomendação é que se considere no Projeto Cultura e Liderança não somente trabalhos em grupos (encontros, *workshops*, apresentações), mas também sessões individuais de orientação para mudança. Nos nossos projetos mais desafiadores, trabalhamos com ciclos de *workshops* de 2 dias (módulos), seguidos de sessões individuais pós-módulos para reforço a conceitos e apoio às implementações individuais, decorrentes dos temas tratados no coletivo.

Etapa 2 – Capacitação

Essa etapa tem como objetivo aportar metodologias para estruturação de Ações de mudança, propriamente ditas. Tal processo exigirá trabalhar antes as Crenças vigentes na empresa e que sustentam Cultura atual, e as Crenças renovadas que apoiarão novos comportamentos e implementações.

É programado novo ciclo de desenvolvimento (*workshops,* sessões individuais) para:

1. Consolidar o entendimento e o compromisso com R^1 e R^2;
2. Consolidar o entendimento e o compromisso com C^1 e C^2;

3. Mapear Crenças presentes na empresa e Crenças renovadas;
4. Mapear o que é preciso ser feito para mudar Crenças e consequentemente o estágio cultural da empresa. Trabalhamos com o conceito de Experiências a serem propiciadas às equipes para essa reversão de Crenças. Obs.: confira a metodologia no capítulo "Implementar a Mudança";
5. Estruturar Experiências a serem executadas, nas diferentes áreas.

Essa etapa do projeto precisa ser entendida como "Teste". Nela os líderes testam um novo jeito de atuar, ainda que somente dentro das salas de eventos (em simulações, exercícios) e em aplicações pontuais, nas áreas de trabalho. Para apoiá-los, é preciso que a comunicação corporativa inicie um trabalho de difusão da Cultura desejada para a empresa como um todo, esclarecendo novos critérios, expectativas de comportamento, melhores práticas.

Esse "sair da caixa" – como todo processo de aprendizagem – pode trazer sentimentos díspares nos líderes envolvidos no projeto, tais como entusiasmo pela descoberta e insegurança quanto à possibilidade de conseguir fazer a mudança, tanto pessoal quanto organizacional.

Trata-se de uma etapa de muito trabalho. Os eventos são espaços de construção e exigem que seja feita a "lição de casa". Há riscos de desmotivação ou ampliação de resistências que precisam ser monitorados de perto especialmente pela consultoria parceira, dado que nesse momento mesmo os líderes estratégicos podem revelar desânimo (resultado ainda não aparece) e descrédito ("será que isso levará à mudança, no tempo estimado?").

Caberá também nessa etapa uma cobrança desconfortável para os líderes, principalmente àqueles muito identificados com a Cultura atual. A gestão do cotidiano do trabalho precisa começar a apresentar sinais de mudança; é necessário assumir novos critérios para promoção, contratação, demissão. Passa a se esperar uma gestão mais consequente no que diz respeito à Cultura desejada. As equipes subordinadas começam a testar limites e os líderes ficam mais sujeitos a exposições e risco.

O monitoramento dos sentimentos decorrentes dessa etapa é um dos desafios mais críticos dos consultores contratados. Exige expertise, maturidade e muita sensibilidade para equilibrar estímulo à mudança, com suporte, apoio.

Exige que, nesse momento, o líder do projeto e seu time de consultores já tenha conquistado um patamar de respeito internamente que o credencie para continuar a parceria e o processo.

Duas iniciativas são críticas nessa etapa e podem fazer diferença expressiva:

1. Compartilhar as Experiências individuais na Comunidade de Líderes para que ela usufrua dessas práticas e aprenda com isso e para que cada líder, no exercício de estruturar a sua difusão, incorpore novos aprendizados e identifique oportunidades de melhoria. Recomendo que essa difusão seja feita de forma sistemática, pelo menos durante um ano do projeto, utilizando-se meios eletrônicos de suporte com alternativas de troca de informações e contribuições (site gestão do conhecimento). Muitas vezes o mundo virtual é a única alternativa para a Comunidade de Líderes interagir e aprender, de forma sistemática;
2. Identificar sinais de mudança de comportamento nas equipes, na direção da Cultura desejada, e reforçá-la. Isso pode ser feito em fóruns já instituídos ou nos canais de comunicação interna. O importante é que os responsáveis pelas iniciativas de mudança recebam reconhecimento pelas suas ações e que os demais profissionais aprendam com isso e reconheçam que a mudança já começou.

Pelas vivências que tive em consultoria, entendo que se o projeto finalizou com sucesso a etapa de capacitação da Liderança, a mudança já está em andamento e ele tem adeptos. Já se entendeu sua importância.

No próximo capítulo, vamos trabalhar as demais etapas do processo.

Vamos em Frente!

Após as etapas de mobilização e de capacitação dos líderes para a transição cultural, é chegada a hora de fazer acontecer.

Etapa 3 – Implementação

Essa etapa se destina à continuidade do processo educativo, aportando metodologias, *feedbacks* e recursos diversos de aprendizagem para proliferação de novas Experiências (que mudem Crenças institucionais) e para fortalecer a competência chave do líder, especialmente em contextos de mudança: Capacidade de Influência.

Embora a responsabilidade de um líder, por definição, seja a de influenciar, é comum percepções mais simplistas a respeito, como "a responsabilidade-chave do líder é dar exemplo, ser referência". Isso, em processos de transição cultural, significaria: praticar posturas de Cultura desejada. É pouco!

Do líder é esperada uma prática referência e também uma atuação eficaz de influência, levando outros profissionais e áreas a essa prática considerada a melhor para a empresa (C^2).

Um líder necessita influenciar seus diretos, sua área como um todo, áreas de interface, a empresa, clientes, fornecedores, parceiros, o mercado, a sociedade. Esse é seu papel visando excelência, diferenciação e contribuição em um contexto de ganha-ganha. Apenas ser exemplo é uma posição passiva.

O que se espera é que todo líder interfira para alavancar o desenvolvimento de um time, ampliar o patamar de entrega e de rentabilidade da empresa, melhorar o clima interno, favorecer a imagem externa. A diferença entre um profissional técnico e um profissional em posição de liderança é qualitativa porque muda o escopo do trabalho, o foco, a responsabilidade.

Na etapa de Implementação, os líderes participantes já devem estar seguros dos *gaps* culturais que estão sendo trabalhados na empresa e reconhecer, valorizar, conquistas sucessivas nesse caminho. Eles vivenciam situações de aprendizagem que lhes possibilitam ampliar o leque de contribuição para a mudança cultural, além do contexto da sua responsabilidade funcional (gerente da Tesouraria, diretor Comercial, supervisor de Operações etc.). Eles são desafiados a ampliar sua visão do negócio, seus recursos de influência, sua autoestima enquanto líderes.

Jogos de Negócio podem ser inseridos nos *workshops* dessa etapa. Eles são constituídos de *cases* que simulam o cotidiano empresarial e demandam decisões com impactos nos resultados, sejam financeiros, sejam de Clima e Cultura. Embora esses recursos de desenvolvimento contemplem cenários empresariais diferentes do negócio da empresa real para quebrar paradigmas, as situações propostas aos líderes devem manter similaridade com os dilemas da realidade concreta do trabalho deles.

É hora também de instrumentalizar os líderes para que eles reproduzam, cada vez com mais propriedade, os conceitos, pressupostos e propósitos do Projeto Cultura e Liderança para seus times. Esse é mais um exercício de influência que deve ser monitorado pela coordenação do projeto para que os esforços de desdobramento da transição cultural respeitem um formato harmônico e um mesmo *timing*.

Paralelamente, é essencial que investimentos corporativos apareçam como resposta ao esforço de transição: revisão de políticas de gestão de pessoas (por exemplo: nova política de remuneração variável reforçando cultura de protagonismo); qualificação de processos críticos da empresa (como atualizar processo de Compra na direção de redução de riscos); adequação das estruturas (redução de níveis hierárquicos para favorecer proximidade e sinergia); construção ou atualização de modelos de competências consistentes com a proposta de Cultura desejada, entrada em novos mercados inclusive reforçando ousadia e protagonismo; redução de unidades de negócio não produtivas sinalizando foco em resultado; demissão de profissionais emblematicamente arraigados à Cultura atual.

Tais iniciativas podem ter aparecido como "Experiências" dos líderes participantes do PCL visando mudar crenças vigentes. De qualquer modo, nessa etapa é preciso sinais institucionais concretos de mudança que tragam impacto significativo nas equipes de maneira contundente.

Destaque-se que na gestão do próprio projeto é preciso estar atento para ajustar a sua logística ao movimento cultural pretendido. Se um dos direcionadores da Cultura desejada é aumentar Protagonismo, por exemplo, passa a ser importante não mais convocar os líderes para os eventos programados, mas adotar uma sistemática que os estimule a providenciar suas inscrições diretamente. Se o direcionador é Proximidade entre níveis hierárquicos, é importante organizar os grupos participantes mesclando diretores, gerentes etc.

Nesse estágio, é comum aparecerem sentimentos de satisfação por conquistas pessoais ou coletivas valorizadas no caminho da Cultura desejada e, por outro lado, medo de ficar para trás, de não conseguir. Com a perspectiva de que o Projeto Cultura e Liderança tem um tempo definido para se encerrar – e é importante considerar esse limite – a Comunidade de Líderes pode assumir que não caminhou o suficiente e que não dará tempo de mudar de patamar.

Esses sentimentos bons e não tão bons devem ser acolhidos e trabalhados para capitalizar o foco mais relevante de todo processo de desenvolvimento individual e coletivo que é a responsabilização por fazer acontecer.

O Projeto Cultura e Liderança é essencialmente um processo de construção coletiva e de ampliação da consciência do papel do líder na transformação da empresa. Vai apoiá-lo por um tempo; vai se despedir depois.

No filme "Lendas da Vida" – dirigido em 2000 por Robert Redford e estrelado por Matt Damon e Will Smith – a presença do *coach* junto a um jovem jogador de golfe foi essencial para fortalecimento da sua autoestima, maturidade e habilidades. Próximo ao final do filme, ele se despede antes da tacada decisiva no jogo. Ele não era mais necessário; o jovem já sabia o que fazer.

A transição cultural não fecha a cortina; o projeto sim. Ele precisa ter ajudado a construir uma Comunidade de Líderes influente que continuará conduzindo a empresa para R^2, através de C^2.

Mas temos ainda a etapa "Ampliação".

Etapa 4 – Ampliação

O foco dessa etapa é a liderança coletiva. Embora todo o percurso do Projeto Cultura e Liderança estimule responsabilização, influência e trabalho em time, nesse estágio é crítico garantir a ampliação de competências como cooperação, construção de alianças e parcerias.

Nos *workshops*, encontros, apoio para desenvolvimento individual e outros recursos do projeto, deve-se propiciar aos líderes vivenciar, experimentar situações de interdependência.

A criança é dependente, por natureza; o adolescente luta por sua independência, também por natureza. Na vida adulta, as soluções são integradas ainda que não necessariamente estejamos todos preparados – por natureza – para uma atuação conjunta, produtiva e interdependente.

A extraordinária evolução tecnológica das últimas décadas tem favorecido a compreensão do que possa ser uma vida de relações por rede, onde a atuação de um impacta o conjunto e exige o tempo todo atualização, compartilhamento, transparência, apoio mútuo, evolução e aprendizagem coletiva.

É esse fluxo virtuoso que deve ser promovido em processos de transição cultural.

Se a Liderança fez sua lição de casa com critério, é possível que na etapa 4 do projeto os líderes mais resistentes – qualquer que seja a razao – já não façam parte da Comunidade. No mínimo, os oponentes ao processo de mudança deveriam ter saído.

Assim, é provável que no início dessa etapa a conscientização quanto à Cultura desejada e a necessidade de cooperação estejam presentes, mas não necessariamente a capacitação para construir alianças e parcerias, sempre com o foco em minimizar os *gaps* entre Cultura atual e desejada. Essa será a chave que pode fazer diferença expressiva no processo e garantir uma continuidade segura, por mais um ou dois anos após o encerramento do projeto.

Ninguém está sozinho em uma empresa. O conjunto, com certeza, tem competências complementares, práticas já testadas, diálogos construtivos, *feedbacks* de desenvolvimento, força para liderar a transição e conquistar R^2. É importante valorizar esse conjunto.

Paralelamente, uma nova geração de líderes é convidada a participar dessa etapa (recém-promovidos e contratados) e os líderes do PCL precisarão ser aprimorados na sua capacidade de formar times, identificar potenciais, estimular o desenvolvimento e garantir espaços de aprendizagem, em todas das áreas e níveis da empresa.

Tais desafios são trabalhados na etapa 4: ampliação das relações e crescimento de pessoas. São competências que enriquecem o processo de transição cultural e seus profissionais. Desenvolvimento se faz de dentro para fora e se leva para casa.

O processo educativo estruturado é um recurso temporário, a ser usufruído. Todos ganham e a empresa lucra. Ao final dele, estima-se pelo menos mais um ano de monitoramento cuidadoso da evolução cultural. Ela não terá terminado.

Etapa 5 – Consolidação

Nessa etapa, a Direção da empresa tem a responsabilidade de garantir a consolidação das práticas alinhadas à Cultura desejada e um modelo de gestão alinhado aos pressupostos da proposta cultural. Espera-se uma gestão clara de consequência para sustentar o estágio já conquistado com o projeto e continuar evoluindo.

Etapa 6 – Revisão

Essa etapa – provavelmente coincidindo com o sexto semestre do início do projeto – pressupõe um trabalho de checagem de R^2 e C^2, e um novo questionamento a respeito: "Esses patamares já foram conquistados total ou parcialmente? Eles se mantêm como referência ou necessitam atualização?".

A depender das respostas, serão desenhadas novas iniciativas porque a empresa é organismo vivo, em movimento, em transformação constante.

Vamos conferir a síntese das etapas específicas do processo educativo: Planejamento mais Etapas 1 a 4.

Etapa	Público Prioritário	Conteúdo	Sentimento	Output
PLANEJAMENTO	Board	Assume e declara o investimento em mudança, para fortalecer Visão e Resultado Define direcionadores macro; negocia propostas e parcerias	Ansiedade Alívio Entusiasmo	Parceria aprovada Investimentos programados Planejamento do trabalho
1 – MOBILIZAÇÃO	Líderes	Envolve massa crítica para consensar Cultura atual, desejada e *gaps* Inicia linguagem comum e alinhamento em uma só direção Responsabiliza todos pelo processo de mudança	Fazer parte Interesse Curiosidade Descrédito	Mapeamento C^1 e C^2, dado R^2 Avaliação de Estilos de Liderança Orientação para revisão da prática de Estilos

Continua na próxima página

Projeto de 2-3 anos ■ 57

Etapa	Público Prioritário	Conteúdo	Sentimento	Output
2 – CAPACITAÇÃO	Líderes Impacto nas equipes	Reforça Cultura para Resultado e Protagonismo Mapeia Crenças a serem renovadas para Ações de C^2 Estrutura Experiências para renovar Crenças Cobra gestão de consequência: avaliações, promoções, contratações, demissões alinhadas a C^2	Descoberta Possibilidade Insegurança Dúvida Preocupação com o processo	Resultados atuais (R^1) e desejados (R^2) assumidos Entendimento de Ações desejadas (A^2) Clareza quanto a Crenças desejadas (B^2) Experiências (E^2) estruturadas
3 – IMPLEMENTAÇÃO	Líderes Envolvimento de mais 1 nível de Liderança	Amplia Experiências (E^2) Trabalha responsabilização pela dinâmica de negócio e seus impactos Desenvolve capacidade de Influência Capacita para desdobramento dos direcionadores da Cultura desejada	Empoderamento Satisfação Medo de ficar para trás	Reforça entendimento de R^2 Novas E^2 compartilhadas Síntese das aprendizagens de uma simulação de negócio Mapa de *stakeholders* e plano de Influência Kit orientador para desdobramento do PCL nas equipes

Continua na próxima página

Etapa	Público Prioritário	Conteúdo	Sentimento	Output
4 – AMPLIAÇÃO	Líderes Impactos na empresa e no mercado	Compartilha Melhores Práticas de C^2 Comemora conquistas de C^2 e R^2 Amplia cooperação, construção de alianças e parcerias para C^2 Estimula para desenvolvimento profissional contínuo Desenvolve liderança comunicadora e *coaching*	Realização Ansiedade	Banco de Melhores Práticas Glossário do Projeto (linguagem comum) Atualização das Avaliações de Estilos de Liderança Mudanças de rotinas, processos, sistemas, estruturas e estratégias proliferando referências de C^2

O desafio é gerenciar continuamente a dinâmica coletiva e desafiadora (Cultura organizacional), durante o projeto de desenvolvimento e depois.
A opção a isso é se deixar ser gerenciado por ela. Com certeza, o resultado será outro.

Trabalhe o Coletivo e o Individual

Sábio não é quem sabe muito; é quem aprende depressa.
Guimarães Rosa

O Projeto Cultura e Liderança (PCL), considerando as etapas descritas nos capítulos anteriores, constitui uma sequência planejada de eventos de desenvolvimento, grupais e individuais. É preciso que esses eventos aconteçam com ritmo e de forma integrada para que o compromisso coletivo se fortaleça e a transição ganhe espaço gradativamente. E é preciso que se garanta a participação de todos os líderes nessa trajetória educativa.

Nossa abordagem metodológica no PCL considera três tipos base de intervenções de desenvolvimento, cada um com um objetivo específico e complementar: Módulos presenciais, Sessões individuais e Balanços por área. São considerados os Eixos de Intervenção.

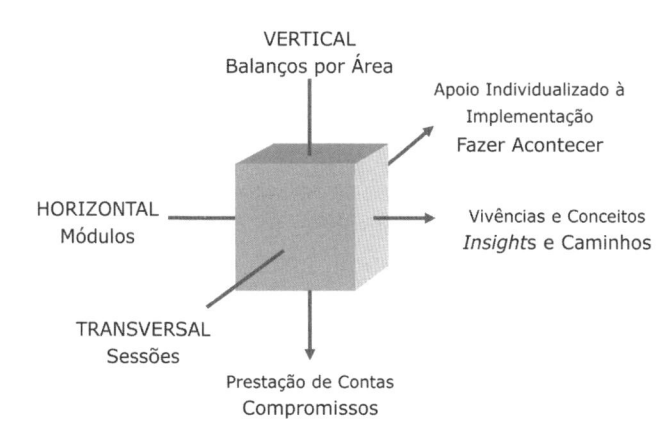

VERTICAL
Balanços por Área

Apoio Individualizado à
Implementação
Fazer Acontecer

HORIZONTAL
Módulos

Vivências e Conceitos
Insights e Caminhos

TRANSVERSAL
Sessões

Prestação de Contas
Compromissos

Ilustração 2 – Eixos de Intervenção

Módulos

Os Módulos são encontros grupais, normalmente presenciais, onde são exploradas situações da empresa, discutidas alternativas de evolução e aportados conceitos para facilitar o diálogo e os caminhos da transição.

Esses encontros se dão em formato de *workshops*, onde todos participam e constroem coletivamente. O racional para essa opção é que questões compartilhadas e construções coletivas são mais produtivas do que soluções isoladas, além de o compromisso ser maior ante aquilo que se ajudou a criar.

Cada módulo do PCL tem um conteúdo específico e evolutivo, que parte da definição da Cultura desejada e evolui para a ampliação das competências dos líderes participantes na direção dessa conquista. Os módulos são, portanto, customizados a cada proposta de transição.

A sequência de módulos é um passo a passo revelador, onde todos têm espaço no diálogo e podem ajudar e serem ajudados, na mudança pessoal.

Nesses encontros, os líderes têm acesso a ferramentas e orientações para apoio na implementação das ações individuais e coletivas de mudança. Têm a oportunidade de exercitar novos padrões comportamentais em situações de simulação e *feedback*. Normalmente encerram os eventos com uma proposta formatada para implementar ações de mudança.

Os módulos trazem à consciência a dimensão de uma Comunidade de Líderes que se reúne sistematicamente para aprender junto e se responsabilizar, no coletivo, pelo presente e pelo futuro da empresa.

Um PCL programado para dois anos para uma empresa de médio/grande porte, por exemplo, pode comportar um módulo por semestre, considerando que o processo prevê atividades complementares de apoio à sustentação da aprendizagem: sessões, encontros por área, comunicação institucional educativa.

É importante mesclar líderes de diferentes áreas nos *workshops* e contemplar grupos de 15 a 20 participantes (melhor dinâmica, bem como espaço protegido para interlocuções necessárias). Por se tratar de eventos onde o autoconhecimento e o autodesenvolvimento são essenciais, recomenda-se duração mínima de 14 a 16 horas por módulo, para cada turma.

Visando fortalecer a aprendizagem nos *workshops*, é importante considerar trabalhos prévios. Por exemplo: avaliação de Estilos de Liderança antes do módulo 1 como reflexão a respeito do próprio comportamento e oportunidade de *feedback* durante o encontro, quando o resultado é entregue.

Sessões

As Sessões são espaços previamente planejados para cada líder receber orientação personalizada para implantar mudanças, na sua área e na empresa.

Elas pressupõem diálogos estruturados, normalmente com *experts* na metodologia de mudança (consultores), e visam favorecer o uso das ferramentas do PCL de forma customizada à área de atuação do líder, ao escopo da sua função e ao seu nível de conforto com a prática gerencial e com os conteúdos do projeto.

Minha experiência aponta, como melhor opção, duas sessões individuais após cada módulo presencial, sendo as ímpares destinadas ao reforço conceitual e à discussão das ações desenhadas nos encontros, bem como ao apoio para implantações bem sucedidas. As sessões pares pressupõem a realização prévia das ações planejadas e são destinadas à análise de resultados, síntese da aprendizagem e novas possibilidades de ações, na sequência.

Como duração, estima-se de 90 a 120 minutos por sessão que pode ser inclusive realizada por conexão virtual. Nessa alternativa, perde-se provavelmente no vínculo entre orientado e orientador; ganha-se eventualmente na objetividade e no melhor dessa alternativa que é manter o ritmo do processo ainda que se tenha profissionais em viagem ou alocados em localidades distantes do centro de gestão do projeto. Tais sessões não se constituem típicas de *coaching* individual, mas apoio ao desenvolvimento de novos padrões comportamentais, alinhados a um ritmo próprio da transição desenhada e ao formato da Cultura proposta coletivamente. Os consultores que assumem a condução das sessões do PCL – assim como os responsáveis pela condução dos módulos – necessitam participar do projeto desde a sua concepção e assistir ao conjunto dos módulos. Como já enfatizado, não se tratam de processos isolados de desenvolvimento de liderança, mas de um esforço único de movimentar a empresa em uma direção específica e em um tempo certo.

A concepção do projeto prevê um trabalho paralelo e árduo do grupo de consultores para alinhamento conceitual e metodológico, linguagem comum, leitura do movimento coletivo de mudança, ajuste fino diante das resistências e restrições do ambiente do negócio, entendimento das conquistas, retrocessos e avanços com foco único na Cultura desejada.

No PCL, o compromisso dos consultores não é com o *workshop* bem avaliado ou alto índice de favorabilidade nas pesquisas sobre satisfação com as sessões realizadas. O compromisso é com o rumo e o ritmo da transição cultural e, portanto, com a gestão consequente, por parte dos líderes, no cotidiano da empresa.

Portanto, no PCL, não se consideram *coaches* (no sentido tradicional) ou instrutores de treinamento. O que se precisa é consultor de gestão, com visão de processo de mudança organizacional e *know-how* para mobilização e desenvolvimento de líderes.

Alternativa para Sessões Individuais: Oficinas de Aprendizagem

As Oficinas são encontros de pequenos grupos com os mesmos objetivos das sessões. Podem substitui-las se for de interesse da empresa e facilidade na condução do projeto.

Caso consideradas duas oficinas após cada módulo, as ímpares (imediatamente pós-módulo) são destinadas a reforçar conceitos e qualificar mais as implantações de ações de mudança; as pares (2ª, 4ª...) são destinadas a sintetizar o que se aprendeu até o momento e estimar novas aplicações no caminho da transição cultural.

Na opção pelas oficinas, perde-se o espaço reservado para trabalhar dificuldades, receios, ansiedades e dúvidas particulares ante a mudança; mas ganha-se em compartilhamento de melhores práticas e ampliação da confiança mútua entre os líderes participantes.

Para esses eventos recomenda-se duração em torno de oito horas, com grupos de no máximo 12 participantes, para atividades exclusivamente vivenciais e não para aquisição de novos conceitos.

A dinâmica nas oficinas é um aprofundamento com relação aos jogos de negócio eventualmente utilizados nos módulos. Nos jogos, os participantes são provocados a tomarem decisões privilegiando o uso da racionalidade. Nas oficinas, propõem-se simulações – treino de habilidades performáticas – estimulando o uso da emocionalidade.

Balanços por Área

Em processos longos de desenvolvimento integrado como o PCL, é preciso prever avaliações periódicas de resultado.

Minha recomendação é considerar pelo menos dois encontros por área (diretorias, gerências) com essa finalidade, em projetos de dois anos de duração, com grupos significativos de líderes envolvidos (entre 200 e 500, na minha experiência).

São chamados Balanços, dos quais participam os líderes do PCL, agora discutindo as especificidades da mudança nas próprias áreas, juntamente com pares e superior, esses também parte da Comunidade de Líderes.
Como conteúdo para os Balanços proponho considerar os seguintes temas:

1. Momento de negócios *versus* estágio cultural da área;
2. O que evoluiu na direção da Cultura desejada; facilitadores e dificultadores;
3. Forças da liderança para alavancar a mudança; dinâmica do time participante, seus estilos de liderança, sinergias e oportunidades;
4. Ações para a transição cultural em andamento na área e necessidades de revisão;
5. Ações destinadas a áreas correlatas ou como apoio aos *sponsors* do projeto de transição em andamento;
6. Compromissos individuais e coletivos ante a questão cultural da empresa.

Como metodologia para condução desses eventos, recomenda-se técnicas de *Coaching* de Grupo e a estimativa é de um trabalho de cinco a oito horas de duração por turma.
É importante que a condução dos Balanços seja feita pelos executivos responsáveis pelas áreas em questão, com apoio de consultor. Considerando-se a importância do Balanço e a exposição desses líderes, é imprescindível que sejam preparados previamente para condução do roteiro e relacionamento com o grupo. Seus comportamentos no evento deverão ser o mais próximo possível dos parâmetros da Cultura desejada.
Ao final dos eventos, a documentação dos resultados dos Balanços (análises e compromissos) deve ser estruturada para possibilitar monitoramento das evoluções pela Direção da empresa.

Recomenda-se agenda fixa para tratar o tema Transição Cultural nas reuniões sistemáticas da Diretoria e uma atuação firme e criteriosa desse nível estratégico, a favor da transição em todas as áreas.

A Ilustração 3, a seguir, representa a sequência de eventos de um PCL de dois anos, como exemplo de fluxo.

PCL 2 Anos

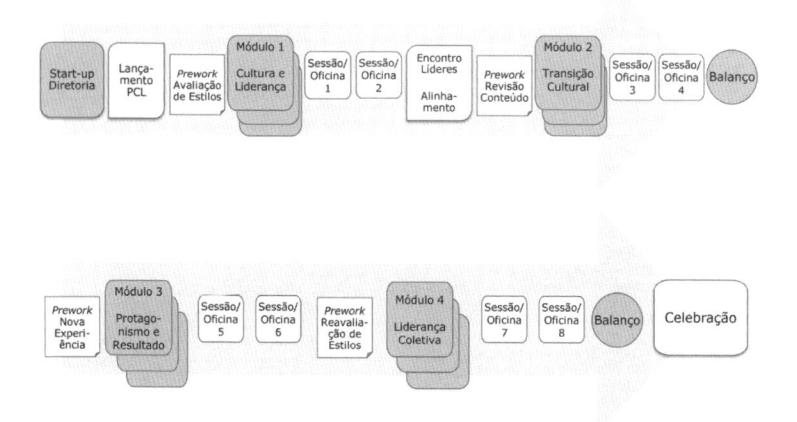

Ilustração 3 – Eventos Sequenciais e Integrados

Ressalto que um processo dessa natureza exige muita disciplina para sucesso, seja do projeto, seja da transição cultural propriamente dita.

Segundo Jim Collins – acadêmico e consultor americano – "disciplina, em essência, implica consistência das ações em relação a valores, metas de longo prazo, padrões de desempenho, consistência de método e consistência ao longo do tempo". Ainda segundo Collins no seu livro "Vencedoras por Opção", para um líder diferenciado a autodisciplina é a única forma legítima de disciplina e se caracteriza pela "determinação interior para fazer o que for necessário para gerar um grande resultado, a despeito de todas as dificuldades".

> Vale aqui uma reflexão importante para todos nós: estamos trabalhando com essa determinação para gerar um grande resultado, mesmo considerando que ela exige mudanças pessoais e ousadia?

QUEM É O RESPONSÁVEL

Quem caminha sozinho pode até chegar mais rápido, mas aquele que vai acompanhado, com certeza vai mais longe.

Clarice Lispector

Os propósitos do PCL, o investimento alocado, o tempo de duração e sua complexidade em termos de profissionais, conteúdos e eventos envolvidos exigem uma gestão criteriosa, firme e eficaz, em todas as etapas.

Para transparência no processo e referência na cobrança de responsabilidades é crítico o desenho de uma política de participação e de envolvimento.

Eis algumas questões-chave a serem explicitadas nessa política.

Propósito do PCL

Sintetizar a razão de ser desse processo e a sua importância para a empresa.

Escopo

Detalhar duração do processo, etapas sequenciais, eventos (objetivo, estrutura, duração), conexões entre eles.

Participantes

Explicitar níveis envolvidos. Em geral, devem participar todos os ocupantes de posições de liderança, tendo equipes subordinadas ou não. Por definição, são profissionais responsáveis pelos rumos da empresa e seu futuro.

O número de participantes do PCL precisa ser significativo para se constituir em massa crítica que se alinhe e consiga interferir, de forma integrada, em todas as áreas e níveis da estrutura organizacional, em tempo hábil.

Critérios de Participação

Considerando a proposta do projeto, a participação precisa ser de caráter obrigatório, devendo todo Líder assumir essa participação como parte da sua missão. Destaque-se que não se trata de treinamento de liderança, mas de construção conjunta de um novo estágio cultural da empresa.

Recomenda-se que as inscrições nos Módulos e Sessões/Oficinas sejam feitas pelo próprio participante. Se, pelas características da Cultura atual e nível de resistência ou descrédito no PCL, isso não for viável nas primeiras etapas, que se evolua para esse formato, pelo menos a partir da Etapa 3 – Implementação -, pois ele reforça responsabilização individual.

Referente aos Módulos:

- Os módulos são sequenciais e para que o participante esteja apto para evoluir no processo é preciso ter concluído o ciclo anterior completo: módulo (com *prework* quando houver) e sessões de orientação ou oficina de aprendizagem;
- É recomendado que, a partir do módulo 2, as ações de aprendizagem implantadas em função do projeto sejam divulgadas favorecendo a formação de uma Comunidade de Líderes que compartilha experiências e evolui como grupo;

Dada a necessidade de incorporar conceitos, participar de sessões/oficinas e testar novos comportamentos após cada módulo, é importante definir um período mínimo de participação entre um módulo e outro.

Referente às Sessões:

- Pela natureza das sessões, as ímpares deverão ocorrer próximo ao término de cada módulo e as pares após o "dever de casa" previsto, mas não tão distante da sessão anterior que quebre o ritmo do processo;
- A ausência do participante às sessões individuais será considerada *no show*, e acarretará custos adicionais para sua área (critério importante que reflete gestão de consequência).

Responsabilidades

Um projeto dessa natureza exige uma rede de *stakeholders*, com papéis e responsabilidades integradas.

A seguir, um quadro de responsabilidades a ser customizado para a realidade de cada projeto.

	Papel	Responsabilidade	Entidade
1	*Sponsor*	Sustenta o Rumo e o Ritmo do PCL alinhados à estratégia da empresa e assume decisões emblemáticas de alto impacto, a favor da transição cultural	Board
2	Liderança	Lidera a transição, garantindo profissionais com perfil C^2 e gestão consistente com a proposta de mudança (atualiza políticas, processos, estruturas e práticas)	Diretoria

Continua na próxima página

Papel	Responsabilidade	Entidade
3 Implementação	Assume postura ativa ante os compromissos do PCL e de autodesenvolvimento; atua para se mostrar referência de C^2 e influencia profissionais e áreas nessa direção	Líderes PCL
4 *Expert*	Aporta metodologias de mudança comportamental e lidera o processo educativo e de apoio à nova forma de gestão, de modo evolutivo e sustentado	Consultoria Especializada
5 Gestão	Assegura implementação eficiente e eficaz das diferentes etapas do PCL, no tempo certo e de forma customizada, gerenciando limitadores ao processo	Comitê PCL (Diretores designados e consultoria)
6 Coordenação	Define cronogramas, coordena logística e participações, garante a gestão do conhecimento do PCL na empresa	Recursos Humanos
7 Sustentação	Garante a difusão dos direcionadores da mudança na empresa como um, reforça conceitos, compartilha e valoriza melhores práticas	Comunicação Institucional
8 *Ombudsman*	Gerencia indicadores, identifica desvios e reorienta políticas, processos, estruturas e práticas vigentes	RH ou time designado (apoio da consultoria)

É importante enfatizar que o papel da consultoria parceira é crítico nesse trabalho, não só pela expertise que lhe é demandada e que provavelmente não é de domínio na empresa, mas em especial pela sua legitimidade para questionar e interferir, para fazer a "roda rodar".

Minha experiência aponta que, em diversas situações – especialmente no primeiro ano de PCL – a consultoria acaba assumindo a liderança do projeto e a defesa da necessidade de mudança da empresa, em diferentes fóruns. Será preciso lidar com resistências inclusive dos executivos do primeiro nível, os quais assumiram o investimento no projeto.

Entenda-se que nos primeiros estágios do PCL, a Cultura ainda é a atual e ela resistirá a apelos de renovação. Somente quando o trabalho começa a sinalizar retorno é que se pode prever que entidades internas – Diretoria, RH – se posicionem melhor e assumam mais espaço na condução do processo, às vezes até questionando o parceiro externo (é preciso contrapor-se para conquistar a independência; faz parte).

A questão é que para mudar é necessário certo distanciamento emocional, o que não acontece com os profissionais da empresa, em geral, no início da transição. Ao contrário. Se o *start-up* do projeto é mobilizador, a resposta inicial é bastante emocional e pode-se perder o rumo com facilidade. Nesse momento, a consultoria necessita estar segura da trajetória negociada e da sua competência; além de se manter serena e coesa. Ela precisa já ter identificado aliados internos para dar continuidade ao seu esforço de influência, mobilização e sustentação do fluxo do desenvolvimento.

Os consultores envolvidos em um projeto dessa natureza precisam considerar uma perspectiva de processo: direção, ritmo e consequência. Embora atuem essencialmente em situações de "laboratório" (*workshops*, sessões de *coaching*), seu compromisso primeiro não é com a qualidade dessas intervenções no desenvolvimento dos seus interlocutores, mas com o impacto desse desenvolvimento na empresa. A boa avaliação dos eventos – além da contribuição para a empresa, em si – só tem o benefício de assegurar mais credibilidade à parceria e validar o passo a passo do projeto.

Como já citado, é preciso diferenciar consultores de Cultura e Liderança, de instrutores de treinamento e *coaches* atuando isoladamente. O olhar desses profissionais é distinto e os consultores no processo cultural precisarão se disponibilizar para horas extraordinárias de estudo e monitoramento da Cultura da empresa, contribuição integrada ao ritmo do projeto e suas flutuações, alinhamento com todo o time de consultores, durante todas as fases do PCL.

É importante que esses consultores disponibilizem pelo menos o dobro de horas alocadas no cliente para atividades paralelas de alinhamento, capacitação, planejamento integrado e ação monitorada pelo consultor líder do projeto.

Todo evento – situações de diálogo com a empresa – será um desafio e gerará ajuste no ritmo do trabalho e nas estratégias de desenvolvimento. Toda intervenção de um consultor impactará e será impactada pela intervenção dos demais consultores no projeto.

> O Projeto Cultura e Liderança é uma construção coletiva, onde todos aprendem com todos, se desafiam, se emocionam e se felicitam pelas conquistas e pelo crescimento pessoal, grupal e institucional.
> Seria impensável viver um PCL sem emoção.

Como Saber se Deu Certo?

Considerando tratar-se de investimento significativo da empresa em termos de tempo, recursos financeiros e impacto na imagem interna e externa, o PCL precisa contar com indicadores previamente definidos, visando seu monitoramento bem sucedido e avaliação consequente de resultados.

Tais indicadores têm limitações, dado que diferentes variáveis organizacionais e de mercado interferirão no projeto podendo ser mudança na composição acionária, novos *players* no mercado, crise de mão de obra ou outras. Elas podem mascarar o impacto do processo educativo nos profissionais participantes e no desempenho da empresa.

De qualquer maneira, estimam-se 5 dimensões de análise do PCL, em ordem crescente de complexidade:

1. Gestão do processo;
2. Aprendizagem dos participantes;
3. Desempenho dos participantes;
4. Transição cultural na empresa;
5. Conquista de R^2 (novo patamar de resultado).

Para tal análise podem ser considerados levantamentos de dados qualitativos e quantitativos, pontuais e sistemáticos, individuais e coletivos. Como fontes de informação considerem-se pesquisas de percepção dos *stakeholders* do PCL, análise de conteúdos gerados pelos participantes pré e pós-módulos etc.

O quadro a seguir apresenta uma relação de indicadores por dimensão de análise. Ele deve ser complementado ou simplificado, considerando o escopo de cada projeto e o custo-benefício de cada investigação.

Dimensão	Indicador	Recurso	Timing
1. Gestão do Processo	Módulo: Previsto x Realizado	Turmas previstas x realizadas Participantes inscritos x ausências	Real Time
	Módulo: Nível de Satisfação	Avaliação de reação dos participantes pós-evento	Encerramento de cada turma
	Sessão Individual: Previsto x Realizado	Sessões previstas x realizadas % no show	Real Time
	Sessão Individual: Nível de Satisfação	Pesquisa de satisfação de coaches	Semestral
	Outros Eventos: (Validação Cultura, Difusão etc.): Nível de Satisfação	Avaliação de reação dos participantes pós-evento	A cada ocorrência
	PCL: Ritmo	Previsão de Ciclo x realização	Semestral
	PCL: Nível de Satisfação	Pesquisa junto aos participantes	Após Etapa 3 e ao final do PCL

Continua na próxima página

Dimensão	Indicador	Recurso	Timing
2. Aprendizagem dos Participantes	Linguagem: Fixação	Avaliação de aprendizagem	Início Etapas 2, 3 e 4
	Ações de Aprendizagem: Quantidade divulgada	Previstas x divulgadas	*Real Time*
	Ações de Aprendizagem: Qualidade	Pesquisa junto aos *Coaches*	Final Etapa 2 e final do PCL
	Competências: Capacidade de Influência, Visão do Negócio etc.	Pesquisa junto aos participantes e líderes seniores	Final PCL
3. Desempenho dos Participantes	Comportamento da Liderança: Evolução	*Assessment* de Estilos de Liderança (comparativos)	*Prework* Módulo 1 Final PCL
	Clima Interno: Evolução	Pesquisa de satisfação de colaboradores (comparativo pesquisas anteriores). Selecionar temas específicos que reflitam transição desejada	Final PCL
	Sistema de Avaliação de Desempenho das Equipes: Análise	Qualidade dos registros de avaliação feitos pelos líderes sobre seus subordinados	Final PCL

Continua na próxima página

Dimensão	Indicador	Recurso	Timing
4. Transição Cultural	Cultura: Mapeamento	Exercício pelos participantes (comparativo)	Validação Cultura e final PCL
	Gestão: Mudanças institucionais	Balanços por área	Mínimo anual
	Comunidade de Líderes: estágio de construção	Entrevista integrantes do Board	Final PCL
5. Conquista de R²	Mudança de patamar de resultado	Entrevista integrantes do Board	Final PCL e após 6 e 12 meses

Segundo Peter Drucker – pai da Administração moderna – só conseguimos gerenciar o que conseguimos medir. Portanto, no início do PCL é preciso definir os indicadores de avaliação, as medidas de desempenho e as formas de levantamento de dados.

> A montanha a ser conquistada é alta e muitas vezes no caminho não veremos o topo porque há nuvens lá em cima e porque há bosques aqui perto. Precisaremos de ouvidos atentos e instrumentos de apoio; serão nossos *feedbacks* e nossos guias.
> É preciso aproveitar esses informes durante a trajetória. Os desvios de percurso serão compreendidos e ajustados; as conquistas graduais serão comemoradas.
> É um passo a passo atento e responsável.

3. Cultura Atual e Desejada

Pesquisas e Descobertas

> *Feliz aquele que transfere o que sabe e aprende o que ensina.*
>
> Cora Coralina

Na QuotaMais Consultoria, iniciamos trabalhos de Transição e Alinhamento Cultural em grandes organizações, em 1997. Desde então, paralelamente ao aprendizado extraído da própria vivência nos projetos, temos aprofundado estudos relativos a pesquisas quantitativas e qualitativas de Cultura corporativa.

A literatura disponível é diversificada e atraente em termos de conceitos, metodologias e práticas referentes ao tema. O desafio foi selecionar uma linha de atuação segura, que possibilitasse evoluir, no tempo, com a mesma base metodológica para construção de banco de dados com resultados consolidados dos projetos, estudos longitudinais e pesquisas comparativas. Esse conhecimento agregou valor à nossa consultoria e, consequentemente, aos clientes.

A conclusão foi que era preciso contar com um conjunto de pressupostos e de conccitos sobre transição cultural e uma seleção de abordagens metodológicas a serem acionadas, a depender das características de cada projeto.

De qualquer modo, como meu trabalho sempre foi calcado em desenvolvimento de pessoas e grupos, a opção para diagnóstico foi por levantamento de dados a partir de diálogos (entrevistas, encontros), onde a própria intervenção de pesquisa já mobiliza os respondentes para o processo. O que se busca é a percepção deles sobre a realidade e a expectativa de futuro.

A alternativa a esse mapeamento de percepções – pelo menos no que diz respeito à Cultura atual – é o levantamento e análise de indicadores objetivos do contexto, tais como:

- Relatórios e documentos (pesquisa de percepção de cliente, clima organizacional, código de conduta, valores corporativos);
- Sistemas de gestão (critérios de avaliação de pessoas, política de remuneração e de benefícios);
- Linguagem institucional (revistas e informes corporativos, apresentações internas e externas);
- Símbolos vigentes (instalações físicas da empresa, mobiliário, decoração);
- Rituais (fóruns de discussão, calendário de comemorações);
- Heróis (profissionais em destaque na mídia interna, referências históricas).

Ainda que não tenhamos explorado prioritariamente essa perspectiva, tais indicadores complementaram nossos estudos e enriqueceram os projetos.

Na condução dos diagnósticos, *insights* importantes foram nos ensinando mais a respeito de Cultura e desafios da mudança.

Complexidade

Um fator que adiciona complexidade aos projetos de transição é a necessidade de diagnosticar a Cultura da empresa e, paralelamente, estimar a Cultura necessária para a melhor implantação da estratégia do negócio e viabilização da Visão.

O diagnóstico da Cultura atual, em si, já é desafiador pela natureza do objeto de estudo – a Cultura -, definida como um modo coletivo de ser (valores presentes) e de agir (práticas compartilhadas). Esse diagnóstico exige sensibilidade para leitura de ambiente e mapeamento de indicadores, em um meio dinâmico, de possibilidades múltiplas de ponto de vista.

A estimativa da Cultura desejada é ainda mais desafiadora: ela é a percepção coletiva de uma dinâmica organizacional futura, ideal e factível, que adicione valor ao desempenho do negócio. Trata-se de uma extrapolação que exige maturidade, informação e compromisso com o futuro.

Muitas vezes existe uma visão mais homogênea no que diz respeito à Cultura atual do que à Cultura desejada. Caso típico, é o de empresas antigas, com longo histórico de sucesso e pouco permeadas por novas populações de profissionais porque não passaram por fusões, aquisições ou rupturas. Tais empresas tendem a apresentar "Cultura forte", no sentido de bem estabelecida e facilmente definida. Se justamente essa "Cultura forte" precisa ser oxigenada por razões de mercado, a estimativa de Cultura futura é desafiadora até pela falta de repertório dos profissionais envolvidos, muitas vezes viciados na dinâmica conhecida.

No caso de empresas em formação ou em momentos de fusão, o mapeamento de Cultura atual é difícil, algumas vezes até inviável, dado que o "modo coletivo de ser e de atuar" ainda não está consolidado.

No que diz respeito à Cultura desejada, muitas vezes sua estimativa fica por conta de um "senso comum" sobre contextos organizacionais ideais, trazido mais pelo "que é bom" genericamente, do que por "aquilo que é fundamental para esse negócio, esse contexto, essa visão de futuro".

Caberá aos responsáveis pela condução do diagnóstico – normalmente *experts* em Cultura e em pesquisa – garantir qualidade na coleta e na análise dos dados. Ao final, caberá à Liderança estratégica da empresa analisar o diagnóstico à luz dos desafios do negócio e validar um caminho cultural a ser trilhado, coletivamente.

Níveis Hierárquicos

O diagnóstico cultural é bastante influenciado por valores pessoais dos respondentes e valores específicos a depender do nível da estrutura organizacional a que eles pertencem. Esses valores por nível, por sua vez, são influenciados por aprendizagens próprias dos desafios profissionais, bagagem acadêmica, acesso à informação que a função possibilita, responsabilidade ante os resultados macro da empresa. Confira, a seguir, dados da consultoria que reforçam essa afirmação.

Uma das opções metodológicas para o diagnóstico cultural foi utilizada em pesquisas com grande número de respondentes, em diferentes geografias (inclusive diferentes países), quando havia uma expectativa de começar o projeto educativo a partir de um mapeamento já conhecido.

Trata-se do Método SYMLOG – System for the Multiple Level Observation of Groups – de Robert Bales, pesquisador americano. O Symlog é uma teoria de campo, isto é, considera que as ações acontecem em determinado campo de interações e que é preciso entendê-lo como um todo para gerenciar o caminho da mudança.

A QuotaMais Consultoria é credenciada para aplicações nessa abordagem, tendo realizado diagnósticos em cinco idiomas, em países como Argentina, Brasil, Chile, Colômbia, El Salvador, Espanha, EUA, França, Guatemala, Marrocos, México, Panamá, Peru, Porto Rico, República Tcheca, Uruguai e Venezuela.

A base dessa abordagem contempla uma relação de atributos organizacionais (um conjunto de valores/práticas) que é apresentada aos respondentes da pesquisa e eles sinalizam com que frequência cada atributo se revela na Cultura atual e na Cultura desejada. A escala de resposta considera três alternativas: "Raramente", "Às vezes" e "Frequentemente". Mudam as questões propostas, mas a seleção de atributos e a escala de resposta se mantêm.

Em função do desenho de projeto proposto pela consultoria, tais pesquisas contemplaram representantes de todos os níveis hierárquicos das empresas e exigiram planejamento criterioso para definição de uma amostragem de respondentes que fosse:

- Representativa da percepção dos diferentes níveis, em cada unidade de negócio;
- "Enxuta" para não desperdiçar tempo e energia no processo;
- Equilibrada entre os diferentes níveis (se a base da pirâmide é ampla e composta de funções e perfis similares, exige percentual menor de respondentes do que outros níveis com perfis mais diversificados).

Em geral, trabalhamos com aproximadamente 10% da população da empresa analisada, ainda que o percentual por nível varie.

Uma das dimensões de análise nessa metodologia diz respeito, sinteticamente, a Foco em Pessoas e outra a Foco na Tarefa, em diferentes graus de intensidade.

Utilizando somente essas dimensões já é possível explorar a questão da diversidade de percepções, comparando níveis hierárquicos. Há uma tendência, nos dados da consultoria, de níveis elevados na estrutura diagnosticarem a Cultura atual mais voltada a Pessoas e menos a Tarefa, comparativamente à base da pirâmide que entende o Foco na Tarefa mais forte que em Pessoas. Nos dois casos, a Cultura desejada é o recurso que deveria equilibrar essa percepção: alavancar mais Foco na Tarefa na percepção dos níveis mais altos, e Foco nas Pessoas na percepção da base.

Em uma das empresas analisadas, encontramos um escalonamento praticamente linear no diagnóstico de Cultura atual: a cada nível decrescente na estrutura, diminuiu a percepção de Foco nas Pessoas e aumentou proporcionalmente Foco na Tarefa. Aconteceu o inverso, na estimativa de Cultura desejada.

Confira a seguir o demonstrativo-síntese desse diagnóstico realizado com amostragem de profissionais em cinco níveis hierárquicos. No eixo vertical, considera-se "adesão a normas estabelecidas" (Foco na Tarefa); no horizontal, "relação com pessoas" (Foco em Pessoas). As setas mostram a direção da transição cultural proposta por nível hierárquico.

Cultura Atual e Desejada ■ 83

3. Orientação a Tarefa

1. Board
2. Diretores
3. Gerentes
4. Coordenadores
5. Operacional

2. Oposição à orientação a Pessoas

1. Orientação a Pessoas

4. Oposição à orientação a Tarefa

○ Cultura Atual ● Cultura Desejada

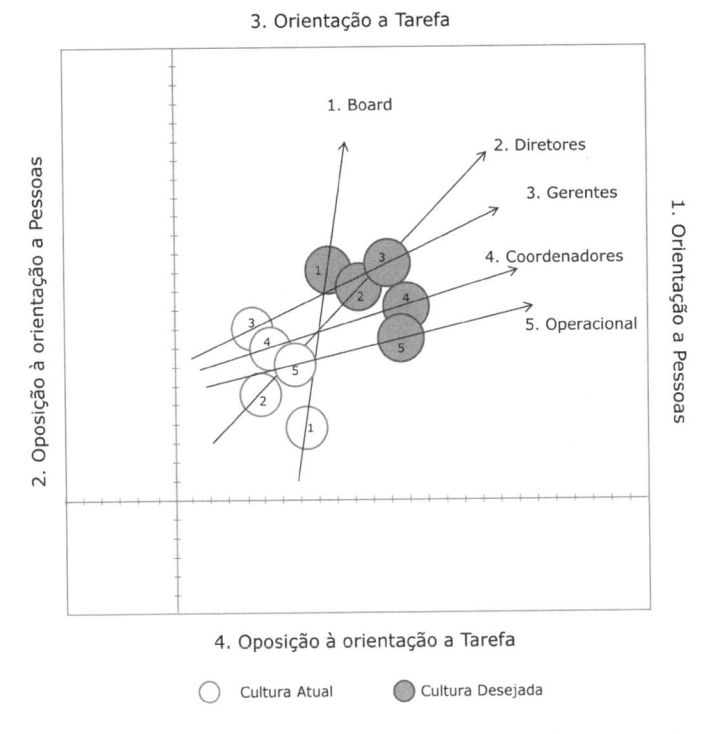

Ilustração 4 – Pesquisa de Cultura por Nível Hierárquico

> O mapeamento de Cultura oferece subsídios para discussão do processo de transição, monitoramento do clima organizacional, sistema de recompensa, avaliação de pessoas, gestão de metas, plano de negócio.
>
> Em função desses impactos, ele exige uma análise rigorosa e posicionamento responsável por parte da Direção da empresa, a respeito das percepções coletadas e da visão estratégica da Cultura para os próximos anos.
>
> Destaque-se que o olhar de futuro e sua transposição para direcionadores no presente constituem responsabilidade indelegável do corpo diretivo, em primeira instância. E sua missão mais nobre.

ANÁLISE DA CULTURA DA EMPRESA

Nós, na QuotaMais Consultoria, assumimos Geert Hofstede como referência em termos de Cultura e dimensões de análise, paralelamente a Robert Bales, já citado.

Hofstede – consultor e pesquisador holandês – tem compartilhado sua abordagem e suas pesquisas, ao longo das últimas décadas. Os pressupostos base do seu trabalho são os seguintes:

1. As pessoas transportam consigo padrões de pensamento, sentimento e ação potencial ("programação mental") como resultado de aprendizagem contínua, iniciada na infância. No entanto, o comportamento é apenas parcialmente predeterminado por esses programas; o ser humano tem capacidade de reagir, surpreender;
2. De qualquer modo, quando da necessidade de mudança desses padrões, será preciso antes desaprender para depois investir em novos aprendizados. Será preciso destruir para construir;
3. Cultura é a "programação coletiva da mente": um conjunto de valores comuns a um grupo de pessoas (valor é definido como tendência para se preferir certo estado de coisas a outro). Em decorrência dos valores comuns, há um modo próprio de agir desse grupo (Cultura), em processos humanos fundamentais (comer, mostrar ou esconder emoções), o que o identifica e o diferencia;
4. Em Cultura não há certo ou errado; há um modo de ser e de atuar;
5. As diferenças culturais manifestam-se de diferentes formas: nos símbolos, nos heróis, nos rituais,

nos valores. Símbolos, heróis e rituais estão no nível das práticas e sinalizam valores subjacentes;
6. As Culturas das nações impactam as Culturas das organizações, ainda que essas recebam influência também de outros fatores (origem do capital, objetivos dos fundadores);
7. Uma nação não é uma organização e os dois tipos de Cultura são de natureza diferente.

Segundo Hofstede, no nível nacional, as diferenças culturais residem mais nos valores e menos nas práticas; no nível organizacional, as diferenças culturais residem mais nas práticas e menos nos valores. Isso é uma vantagem para investir em evolução cultural nas empresas, dada à menor rigidez da sua dinâmica. Práticas podem ser renovadas com mais facilidade.

Estudando o impacto da Cultura nacional na organizacional, Hofstede identificou aspectos de maior significância e definiu, em decorrência, quatro dimensões de análise de Cultura que serão detalhadas ainda neste capítulo: Distância Hierárquica, Individualismo-Coletivismo, Masculinidade--Feminilidade e Controle da Incerteza. Ele acopla escalas numéricas para representar o grau em que cada dimensão está presente em determinada Cultura. Essa forma de representação facilita compreender e discutir de forma estruturada um tema de natureza prioritariamente qualitativa.

Embora Hofstede tenha avançado na conceituação de novas dimensões para análise de nações e outras específicas para Cultura organizacional, minha opção foi trabalhar nos projetos empresariais com base nas quatro dimensões citadas, reconhecidas como estimulantes nas discussões e produtivas nos mapeamentos.

O foco maior de Hofstede foi dedicado a explorar diferenças interculturais enquanto nós da consultoria temos nos direcionado para a transição cultural, ou seja, como evoluir de um ponto para outro, do atual para o desejado. Ao longo da nossa experiência enriquecemos os critérios de análise, conquistamos flexibilidade na condução dos mapeamentos culturais e ganhamos segurança para explorar as sínteses e os encaminhamentos a partir dos diagnósticos.

Para gerar os mapeamentos, optamos pela condução de discussões estruturadas, com grupos de líderes das diferentes unidades de negócio, correlacionando a realidade da empresa (Cultura atual) a cada uma das dimensões em diferentes graus de intensidade (escala de 0 a 100). Na sequência, se discute a Cultura desejada, definida como aquela que melhor viabiliza a implantação da estratégica do negócio, para o novo patamar de resultado esperado (R^2). Como já citado, o R^2 é produto de uma discussão prévia com a Direção da empresa e subsidia todo o desdobramento do trabalho.

Esse formato de investigação envolvendo diferentes níveis de liderança tem as vantagens de processos participativos: amplia as perspectivas de análise (mais informação sobre a empresa e diferentes olhares sobre as mesmas coisas); possibilita maior segurança quanto aos resultados; favorece comprometimento com o diagnóstico; aumenta mobilização para trabalhar os *gaps* culturais.

As empresas são tão complexas e necessitadas de estruturação que as quatro dimensões trazem contribuição relevante para o que realmente interessa que é debater as necessidades de mudança na dinâmica interna e compartilhar alternativas de evolução.

Os resultados numéricos dos mapeamentos foram acumulados em banco de dados que possibilita estudos comparativos de empresas de diferentes nacionalidades, segmentos, portes e geografias, bem como, estudos longitudinais monitorando a transição cultural.

Vamos conhecer as quatro dimensões de Hofstede priorizadas nos nossos projetos.

Distância Hierárquica

A dimensão Distância Hierárquica, ou Distância do Poder, é definida por Hofstede como o grau de aceitação de uma repartição desigual do poder por aqueles que têm menos poder nas instituições e organizações de um país.

Em ambientes de grande distância hierárquica, superiores e subordinados consideram-se desiguais, por natureza. O poder é centralizado em um grupo restrito de pessoas e espera-se obediência por parte dos demais. A estrutura organizacional conta normalmente com elevado número de chefes e níveis hierárquicos. Os sistemas de recompensa refletem diferenças significativas entre a base e o topo da pirâmide. Para os subordinados, o chefe ideal tende a ser um autocrata benevolente ou "bom pai".

Em ambientes de baixa Distância do Poder, subordinados e chefes consideram-se iguais por natureza e o sistema hierárquico é apenas uma desigualdade de papéis estabelecida por conveniência; eles podem ser modificados. Nesse contexto, as organizações tendem a ser descentralizadas, com pirâmide achatada e poucas posições de supervisão. Esperam-se chefes democratas, competentes e acessíveis. Há expectativa, por parte dos subordinados, de poderem participar das decisões que afetam seu trabalho.

Individualismo/Coletivismo

Segundo Hofstede, Individualismo "caracteriza as sociedades nas quais os laços entre os indivíduos são pouco firmes; cada um deve ocupar-se de si mesmo e da sua família mais próxima. O Coletivismo, pelo contrário, caracteriza as sociedades nas quais as pessoas são integradas, desde o nascimento, em grupos fortes e coesos que as protegem para toda a vida, em troca de uma lealdade inquestionável".

No ambiente organizacional, nas culturas individualistas, os profissionais tendem a agir em função do seu próprio interesse e o trabalho está organizado de forma a que haja coincidência entre o interesse individual e o da organização. A relação é fundamentalmente uma transação comercial e se espera uma gestão individualizada.

Incentivos e bônus, por exemplo, devem estar relacionados ao desempenho individual.

Na cultura coletivista, a relação entre empregado e empregador é entendida em uma perspectiva moral, semelhante à relação familiar, com obrigações mútuas: proteção em troca de lealdade. Os profissionais tendem a atuar de acordo com os interesses do grupo a que pertencem, ainda que não coincidam com seus próprios interesses. O sistema de remuneração não valoriza desempenho individual; o processo de contratação privilegia recrutamento de familiares ou amigos.

Hofstede identificou correlação negativa entre o índice Distância do Poder e Individualismo: os países com grande distância hierárquica tendem a ser mais coletivistas e os países com pequena distância hierárquica tendem a ser mais individualistas.

Masculinidade/Feminilidade

Essa dimensão diz respeito ao grau em que a sociedade encoraja e recompensa comportamentos caracterizados por adjetivos masculinos ou femininos e divisões de papéis por gênero.

Nas sociedades masculinas, os papéis são nitidamente diferenciados. O homem deve ser forte, impor-se e interessar-se pelo sucesso material, enquanto a mulher deve ser mais modesta, terna e preocupada com a qualidade de vida. Já nas sociedades com alto grau de feminilidade, os papéis sociais dos sexos se sobrepõem: homens e mulheres devem ser modestos, ternos e preocupados com a qualidade de vida.

Nas sociedades masculinas, os conflitos devem resolver-se com uma "boa luta" e que "vença o melhor". Nas culturas femininas, os conflitos são resolvidos através do compromisso e da negociação.

O lugar que o trabalho ocupa na vida de cada um também difere nessas duas sociedades: na cultura masculina, o lema é "viver para trabalhar"; na feminina, é "trabalhar para viver".

Em uma cultura masculina, as organizações colocam ênfase nos resultados e buscam recompensar as pessoas considerando esse critério. Na feminina, tende-se a recompensar as pessoas de acordo com as suas necessidades.

O chefe "masculino" revela autoafirmação, decisão e agressividade na direção dos objetivos; tende a tomar decisões individuais mais do que em grupo, tende a apoiar-se em fatos e dados. Na cultura feminina, o chefe é menos destacado, com tendência a atuar mais por intuição do que por decisão, e busca consenso.

Controle da Incerteza

A dimensão Controle da Incerteza – ou Fuga da Incerteza – de uma sociedade diz respeito ao "grau de inquietude de seus integrantes face às situações desconhecidas ou incertas. Este sentimento exprime-se, entre outros, pelo *stress* e a necessidade de previsibilidade: uma necessidade de regras, escritas ou não".

Nas culturas com alto Controle da Incerteza, depara--se com grande quantidade de leis, formais e informais, que controlam os direitos e obrigações das pessoas; os processos de trabalho são controlados por muitos regulamentos internos; é reduzido o espaço possível ao acaso. Nas culturas de baixo Controle da Incerteza, parece existir aversão a regras formais; elas só são estabelecidas em casos de absoluta necessidade.

Nas sociedades com elevado índice de Controle da Incerteza, as pessoas gostam de trabalhar muito, ou pelo menos estar sempre ocupadas. Do lado aposto, as pessoas são perfeitamente capazes de trabalhar muito se for necessário, mas não são estimuladas por uma necessidade de atividade constante.

Como as sociedades com baixo Controle da Incerteza aceitam com mais facilidade os riscos, estão mais propícias à inovação. No entanto, parecem estar em desvantagem quando se trata de desenvolver essas inovações até a sua implantação em larga escala, o que exigiria mais atençao a detalhe e pontualidade, mais presente nas sociedades com esse índice mais elevado.

É estimulante utilizar conceitos como esses para explorar a realidade de uma empresa.

Os diálogos muitas vezes extrapolam a metodologia proposta e trazem a riqueza da dinâmica corporativa atual e do sonho futuro. Outras dimensões que Hofstede selecionou para análises organizacionais acabam sendo contempladas.

Confira algumas questões recorrentes no mapeamento cultural e qual tem sido nosso posicionamento a respeito.

1. Alto Controle da Incerteza pressupõe processos e controles bem estruturados e atualizados?

Não necessariamente. Muitas vezes, as empresas se reconhecem na situação menos produtiva: elas estão estagnadas pelo excesso de controles, mas a qualidade ou a utilidade deles é questionável.

2. Empresa com alto Controle da Incerteza é mais focada em processo do que em resultado?

Provavelmente sim, mas que não se coloque aqui critério de valor do que é melhor ou pior. Isso dependerá da natureza do segmento de negócio, do seu estágio de maturidade, do momento de resultado, da avaliação do desempenho organizacional.

3. Os termos Feminilidade e Masculinidade podem ser substituídos por Orientação para o Funcionário e Orientação para o Trabalho?

Talvez melhor seja Orientação para Pessoas e Orientação para Resultado. Lembre-se que há um contínuo de possibilidades entre esses dois extremos e o desafio será encontrar o ponto da régua que melhor reflita a Cultura atual e aquele que melhor reflita a Cultura desejada. Qual é o ponto de equilíbrio para garantir R^2?

4. A alta Distância do Poder entre níveis hierárquicos pressupõe também uma forma de relacionamento menos interativa com o mercado?
É possível, mas não necessariamente. Há empresas com poder muito centralizado e com ótima conexão com o mercado: flexibilidade, abertura. Isso depende inclusive de uma sabedoria de *marketing*.

5. Alta Distância do Poder pode estar mais próxima de foco no processo do que do foco no resultado?
É possível, até porque alta Distância do Poder está mais associada à Cultura coletivista e essa é mais processual e das relações protecionistas.

6. Uma empresa muito normativa pode se distanciar da orientação para o cliente?
É um risco.

7. Uma empresa muito "masculina" pode correr risco de abrir mão de valores e normas para conquistar cliente e resultado?
É um risco a ser gerenciado.

8. Há uma Cultura "mais adequada" para determinado segmento de negócio?
O segmento tende a ter impacto importante na Cultura da empresa, mas ele não determina a "melhor" Cultura para cada realidade.

9. É possível desprezar a presença de subculturas nas diferentes unidades de negócio de uma empresa, sendo que algumas unidades se localizam inclusive geograficamente distantes das demais e em segmentos distintos?

Não. Por outro lado, para fins de discussão de processos de transição cultural, o esforço deve ser na identificação da Cultura atual e desejada que melhor represente a empresa como um todo. Na redução dos *gaps*, o trabalho será mais personalizado, em cada unidade.

Nas discussões de Cultura, os líderes envolvidos são levados a trazer evidências factuais que subsidiem suas percepções e todos ampliam perspectivas de análise, compreensão e até aceitação da realidade, capacidade de argumentação e influência, lógica e emoção na leitura da vida empresarial.

É um primeiro passo para se apropriar da visão de conjunto e da sua própria importância, como líder ante essa realidade.

Lembrar que o diagnóstico coletivo terá que ser validado pela Direção da empresa, responsável primeira pelos rumos e investimentos estratégicos. No decorrer da transição cultural também caberá a esse nível a responsabilidade de monitorar a evolução do processo e reafirmar que a evolução de Cultura atual para desejada possibilitará mudança de patamar de resultado.

> Lembrar que em Cultura não há certo ou errado, mas há sempre um estágio cultural mais adequado para a perspectiva de resultado e visão de futuro da empresa.
>
> Com certeza haverá uma latência entre C^2 (Cultura desejada) e R^2 (resultado esperado), mas cada sinal de mudança deve ser valorizado, de forma criteriosa e serena, sem excessiva ansiedade e sem benevolência.

A CULTURA BRASILEIRA TEM IMPACTO

Considerando pesquisas nacionais com base nas Dimensões de Hofstede – e senso comum nos grupos com que trabalhamos – o Brasil tem uma tradição voltada a Coletivismo e alta Distância do Poder, ainda que contenha subculturas distintas, se analisado por regiões e estados. Nas outras duas dimensões apresentadas no capítulo anterior, o Brasil não se mostra polarizado: percebe-se certo equilíbrio entre Masculinidade e Feminilidade, e há percepções distintas a respeito do seu índice de Controle da Incerteza, provavelmente em mutação, de alto para médio.

Impactadas por essa Cultura nacional, as empresas no Brasil estão sendo desafiadas em função da competitividade global, acelerada e agressiva. Elas reconhecem que a centralização e o coletivismo limitam a conquista de novas competências pessoais e organizacionais importantes hoje, tais como visão estratégica compartilhada, responsabilidade coletiva pelo resultado.

É preciso garantir resultados de curto prazo e, paralelamente, construir um futuro promissor, em ambientes mutáveis e de ritmo acelerado. Essa demanda exige superação e rupturas, o que traz tensão nas relações de trabalho, no modo de conduzir o negócio, na forma de garantir as entregas no ritmo certo, no compromisso das pessoas para a contribuição coletiva, na satisfação no trabalho. A discussão é ampla (em todos os segmentos), nova (por rede e não por relações verticalizadas) e prejudicada, dado que não se tem ainda uma linguagem comum que a favoreça e repertórios que possibilitem evoluir do diálogo para a ação de mudança.

"Por que mudar?", provoca o presidente de uma empresa cliente, em um encontro da Liderança. "Hoje o trabalhador braçal tem celular e está conectado". Faz toda a diferença. O mundo é absolutamente novo, mais plano, mais acelerado.

A consciência da Cultura atual nas empresas e da Cultura nacional e seus impactos favorece a compreensão de caminhos da mudança e do esforço a ser empreendido para fazê-las competitivas no mercado globalizado.

É evidente que quanto maiores os *gaps* entre Cultura atual e desejada mais investimento em tempo, dinheiro e mobilização será preciso para a transição cultural. Se esses *gaps* contrariarem a Cultura do país, ainda maior o desafio e a necessidade de uma gestão mais rigorosa e sábia do processo cultural.

No caso Brasil – não muito diferente da maior parte dos países da América Latina – a questão do Coletivismo presente e sustentado pela alta Distância do Poder – faz muito desafiadora a questão da mudança. Essa é uma composição onde o protagonismo das pessoas é limitado, o talento individual não encontra estímulo ao desenvolvimento e a proposta inovadora não é bem acolhida.

Aqui há de se trabalhar com mais planejamento e estruturação essa mudança. É preciso assegurar que a Causa seja significativa e acreditar genuinamente que as pessoas podem superar a "programação coletiva da mente" se visualizam espaços de crescimento individual, reconhecimento pelas suas contribuições, coerência entre discurso e prática, consistência na gestão e valorização das conquistas parciais, no caminho da evolução.

As Dimensões Culturais descritas podem ser um substrato conceitual importante para apoiar uma discussão de Cultura atual e desejada, de forma participativa e inclusiva, propiciando linguagem comum e oportunidade de contribuir com o desenho do futuro.

A partir daí, há um longo caminho de gestão da mudança, passo a passo, conquista a conquista. É um caminho onde a vontade de mudar tem que estar presente o tempo todo, a energia tem que ser valorizada e o esforço tem que ser monitorado, dia a dia.

É um movimento onde emoção e razão trabalham juntas; o coletivo e o individual apoiam-se mutuamente; o rumo e o ritmo são interdependentes.

> A orquestração da transição cultural exige sonho e estratégia.
> E exige essencialmente crença no desenvolvimento humano.

Vamos em que Direção?

Nos processos de transição cultural que coordenamos pela QuotaMais Consultoria, o desafio principal sempre se pautou pela busca de uma Cultura de Protagonismo, exigindo elevação do índice de Individualismo, no sentido atribuído por Hofstede a esse termo: responsabilização individual.

O aumento do Individualismo pressupõe redução de traços de Coletivismo, o qual se caracteriza por protecionismo, mais companheirismo que competência, mais lealdade que meritocracia.

Em uma régua de 0 a 100, nos índices menores plotamos as empresas com traços de Coletivismo (baixo Individualismo) e nos mais elevados, aquelas com mais indicadores de Individualismo. É uma única escala, um contínuo entre dois extremos. Nessa mesma régua, se plota o resultado do diagnóstico de Cultura atual e Cultura desejada, identificando assim o *gap* numérico a ser minimizado. Veja um exemplo:

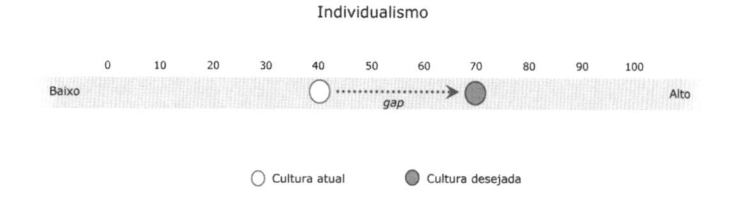

Individualismo

| Baixo | 0 | 10 | 20 | 30 | 40 | 50 | 60 | 70 | 80 | 90 | 100 | Alto |

○ Cultura atual   ● Cultura desejada

Ilustração 5 – Distância entre Cultura Atual e Desejada

Para possibilitar a redução do *gap* nessa Dimensão, um recurso é trabalhar a diminuição da Distância do Poder e, consequentemente, ganhar proximidade entre níveis hierárquicos e ampliar participação das pessoas nas decisões. Não há como esperar protagonismo em Culturas de alta Distância do Poder, onde a proposta é aguardar que alguém dê ordens e orientações para só então se entrar em cena.

Temos encontrado os maiores *gaps* em Individualismo e em Distância do Poder em empresas mais antigas (acima de 30 anos), com origem donal ou estatal, brasileiras (lembrar que Brasil é coletivista e de alta Distância do Poder) ou multinacionais de países caracterizados por alta Distância e Coletivismo. Todas contavam com marca forte (embora eventualmente ameaçada), histórico de sucesso (não necessariamente mantido), "heróis individuais" presentes ou passados muito valorizados (emblemáticos), normalmente baixo questionamento e pouca disposição para conflito, inércia para mudança, falta de repertório para conquista de novos padrões comportamentais.

A vantagem é que o avanço em uma das duas Dimensões – Distância do Poder ou Individualismo – favorece automaticamente a outra, mas elas também se apoiam para manter a posição: o Coletivismo é "desculpa verdadeira" para não se delegar responsabilidades, compartilhar o poder; por outro lado, o poder centralizado é "desculpa verdadeira" para não se tomar iniciativas, assumir riscos. O que é "desculpa verdadeira"? É verdade (a situação existe), mas é desculpa (para não mudar).

Essa necessidade de redução de Coletivismo e de Distância do Poder tem se mostrado tendência na sociedade, em geral, pelo menos no mundo ocidental, ainda que em alguns países perceba-se forte pressão para sustentação de governos autoritários e populistas. Sempre há quem ganhe com a centralização do poder.

A Cultura do Protagonismo é provavelmente uma expectativa de mudança razoavelmente generalizada em função de aspectos econômicos: competição acirrada exige superação e diferenciação que provavelmente a Cultura Coletivista já não atenda. O mundo está mais complexo do que um chefe autoritário e centralizador consegue gerenciar.

Também a questão social de valorização das pessoas e da sua individualidade exige formas de gestão mais participativas, maior espaço de experimentação e de tolerância ao erro, isso sem perder o foco no resultado, cada vez mais vital e exigido em tempos reduzidos.

A evolução da tecnologia, com redes sociais e alternativas avançadas de aprendizagem coletiva, é resultado e causa dessa evolução social. A interdependência das relações humanas e dos fenômenos econômicos, sociais e tecnológicos é cada vez mais visível e emaranhada. E a Cultura é o amálgama disso tudo. É um modo de ser e de agir que explica muito desses direcionadores e que, por outro lado, é impactado pela evolução dos mesmos.

No que diz respeito à terceira Dimensão cultural apresentada anteriormente – Masculinidade (*versus* Feminilidade) – trabalhamos projetos no sentido de aumentar ou diminuir sua ênfase. Destaque-se que se trata de uma só régua de análise: índices altos de Masculinidade apontam para foco em resultado, objetivos, metas, indicadores; os índices baixos de Masculinidade aproximam-se de Feminilidade (atenção às pessoas, ao clima interno). Em países ou regiões onde esses termos poderiam causar estranheza (pela correlação homem–mulher) e consequente desqualificação do conceito, adotamos como alternativa: Orientação a Desempenho *versus* Orientação a Pessoas.

Cultura desejada direcionada a aumento de Masculinidade se deu em contextos onde a empresa se sentia fragilizada pela ausência de indicadores claros de resultado, baixa mobilização para cobrança, sistemas de recompensa voltados para satisfação de pessoas e não para contribuições efetivas ao resultado. Como exemplo, trabalhamos o aumento de Masculinidade em uma empresa "feminina" principalmente em função de características da sua matriz estrangeira. Em outro projeto, tratava-se de uma empresa que passara por aquisição recente, tinha histórico de Coletivismo e os novos dirigentes tinham dificuldade em lidar com esse Coletivismo. Eles acabaram reforçando o mesmo e acentuando a Feminilidade; veio a crise de resultado e a necessidade de mudança urgente.

Em outros projetos, atuamos na direção de redução da Masculinidade. Eram empresas "duras", especialmente quando esse foco quase exclusivo em resultado estava associado a alta Distância do Poder e alto Controle da Incerteza. O protagonismo não tem espaço nessa composição fechada e a empresa pode perder facilmente competitividade e capacidade de inovação.

Masculinidade alta com baixa Distância do Poder foi encontrada em empresas mais ágeis que as anteriores, normalmente focadas em resultado e meritocracia, e essas entenderam que equilibrar melhor Masculinidade com Feminilidade seria uma evolução produtiva.

Quanto a Controle da Incerteza, também trabalhamos a transição cultural nas duas direções:

1. Aumentar o Controle para não correr risco no negócio ou dar mais segurança às pessoas, dado que os parâmetros estariam bem definidos;
2. Reduzir o Controle porque a empresa estava "engessada" ou caminhando para tal.

A transição cultural é crítica quando há *gaps* expressivos entre atual e desejado, nas quatro Dimensões de análise.

Como ilustração de um mapeamento de Cultura atual e desejada, apresentamos o resultado das discussões da totalidade dos Líderes de uma empresa cliente (caso real):

- Distância do Poder: há necessidade de reduzir significativamente a distância entre níveis hierárquicos para agilizar decisões e ampliar compromissos;
- Individualismo *versus* Coletivismo: há necessidade de conquistar um patamar de responsabilização individual e postura de dono, distanciando da cultura coletivista que já não atende às necessidades do estágio da empresa e do mercado;

- Masculinidade *versus* Feminilidade: a empresa – tradicionalmente "masculina" – necessita equilibrar cobrança por resultado com as questões relacionadas a clima interno, essencial ante as mudanças críticas a serem implementadas;
- Controle da Incerteza: é importante reduzir discretamente a exigência de controle (até para favorecer protagonismo) e, ao mesmo tempo, investir na qualificação de processos e de formas de monitoramento, para eficácia do controle.

Considerando esses direcionadores, ficaram assim nomeadas as quatro Dimensões da Cultura desejada nessa empresa cliente:

1. Proximidade;
2. Protagonismo;
3. Resultado e Clima;
4. Gestão da Incerteza.

A seguir, apresento um descritivo dos comportamentos dos Líderes no citado projeto, em cada Dimensão da Cultura desejada.

Proximidade

Proximidade não significa simplesmente conversar. O que se busca na transição cultural da empresa é uma "proximidade planejada", que tem o objetivo de reduzir os *gaps* de informação e de decisão que existem entre os níveis hierárquicos.

Nesse sentido, Proximidade significa estar junto das pessoas sempre que possível, com os seguintes propósitos:

1. Compartilhar informações de interesse sobre o negócio;
2. Garantir alinhamento com relação às estratégias da empresa e ao que se espera de cada profissional;

3. Perguntar e considerar a opinião das pessoas sobre decisões a serem tomadas e sobre como conduzir o dia a dia de trabalho;
4. Estimular troca de ideias e aprendizados;
5. Respeitar as solicitações e as propostas das equipes;
6. Disponibilizar-se para contribuir no que for preciso visando o melhor para a condução do negócio.

Essa postura de Proximidade exige transparência na comunicação e capacidade de ouvir. E isso requer treino.

Proximidade atribui mais valor às pessoas e é um atalho necessário para a conquista de R^2 (novo patamar de resultado).

Protagonismo

Agir como protagonista, no sentido de responsabilização individual, significa:

1. Tomar iniciativas e não culpar os outros pela indecisão ou demora;
2. Interferir produtivamente nos processos decisórios e não se ausentar de trazer contribuições;
3. Influenciar pessoas e áreas a favor da transição cultural em andamento;
4. Investir continuamente na própria capacidade de liderança para gerenciar com mais agilidade e eficácia;
5. Assumir falhas, se ocorrerem, e atuar rapidamente para reverter impactos não desejados;
6. Trabalhar minimizando, o tempo todo, resquícios de Cultura coletivista, protecionista;
7. Gerenciar com critérios claros e compartilhados de meritocracia;
8. Trabalhar para soluções conjuntas e integradas, com ganhos para todos;

9. Contribuir fortemente para que o trabalho em time e a Comunidade de Líderes sejam vencedores.

Cultura de Protagonismo (*versus* Coletivismo) não é uma Cultura de pessoas buscando destaques individuais desalinhados ou um espaço de heróis e ambiente de competição interna. Ao contrário, uma Cultura de Protagonismo caracteriza-se por um conjunto de pessoas que atua em interdependência e se mostra responsável pela construção de uma organização referência.

Resultado e Clima

O composto Resultado e Clima reflete a necessidade de focar em resultado do negócio ao mesmo tempo em que se garante atenção às pessoas e ao ambiente de satisfação no trabalho. É o equilíbrio entre a masculinidade organizacional (objetivos, métricas) e a feminilidade (respeito às pessoas, sustentação do clima positivo).
Mas que atitudes mostram esse equilíbrio no dia a dia? Eis alguns exemplos:

1. Deixar claros os objetivos e metas da área e assegurar-se que as pessoas entendam e aceitem esses desafios;
2. Investir na capacitação dos profissionais garantindo que eles estejam à altura dos desafios a serem superados; apoiar ante as dificuldades;
3. Assegurar clareza de critérios de gestão e de reconhecimento; mostrar-se consistente com esses critérios, na gestão diária (coerência entre discurso e prática);
4. Comemorar conquistas e valorizar equipes e profissionais que se destaquem na superação de desafios;
5. Estimular atitudes de cooperação entre profissionais e entre áreas;

6. Trabalhar uma visão futura positiva da área e da empresa, fazendo com que a equipe reconheça que o seu trabalho tem significado.

Manter clima interno positivo é uma responsabilidade da Liderança porque reflete um valor crítico nas relações humanas – respeito às pessoas – e porque é base para construção de resultados superiores.
"Resultado e Clima" é, portanto, uma sábia combinação.

Gestão da Incerteza

Essa é a dimensão da Cultura desejada que mais gerou discussão e questionamento, nos primeiros meses do projeto. Entendeu-se que era preciso garantir controles porque a operação é de alto risco, mas que seria preciso garantir a qualidade desses controles: atualização, foco no que é relevante, um pouco mais de ousadia.

Ficou definido que a transição cultural da empresa passaria por uma redução discreta do controle e por uma revisão criteriosa dos processos atuais e dos paradigmas presentes. Isso é um trabalho contínuo de responsabilidade da Comunidade de Líderes, em todas as áreas, a favor de mais agilidade nas decisões e mais espaço para protagonismo.

O excesso de regras construídas ao longo de um tempo – e não integradas e atualizadas – pode burocratizar desnecessariamente uma empresa e limitar o julgamento autônomo dos seus profissionais. No entanto, "boas regras" não são necessariamente limitantes. Elas ajudam a reduzir a ansiedade ante o desconhecido e podem liberar a energia das pessoas para novas conquistas.

Vou deixar aqui algumas provocações para você leitor avaliar a sua empresa ou uma de seu interesse no mercado. Leia com atenção e reflita:

1. Ampliar proximidade entre níveis hierárquicos pode agilizar decisões e ampliar compromisso?

2. É possível reverter crenças paternalistas e ampliar responsabilização individual pelo resultado?
3. Qual o equilíbrio entre resultado e clima na gestão vigente? E na gestão desejada?
4. Como a empresa está lidando com as incertezas do mercado no binômio controle e risco?

> O mercado pode ser ingrato e fatalidades do ambiente econômico em geral não se anunciam antecipadamente.
> Mas Cultura é gerenciável e pode mostrar sua força quando chamada a superar crises ou desobstruir gargalos para o resultado.
> Ela precisa de maleabilidade. Mas precisa de tempo para se movimentar.
> Portanto, trabalhar Cultura é ser estratégico.

UM MOSAICO DE CORES E DESAFIOS

A integração dos estudos de Hofstede com os de Bales nos possibilitou explorar o que, em cada projeto, era mais crítico para a proposta de mudança da empresa cliente. Obs.: lembrar que a abordagem de Robert Bales – Método Symlog – foi comentada no capítulo Pesquisas e Descobertas.

A diversidade de valores e práticas encontrada e o emaranhado de conceitos e de realidade me desafiaram a continuar os estudos e a buscar, sistematicamente, oportunidades de contribuição e de aprendizagem.

As descobertas às vezes só reforçaram o esperado; em alguns casos, desafiaram o óbvio.

Eis algumas dessas descobertas:

- O impacto do segmento de negócio é forte na questão cultural, mas não decisivo. Por exemplo: observei Cultura coletivista mais presente na indústria do que em serviços, mas mapeei, por exemplo, fortes traços de coletivismo em uma empresa de serviços, dada sua origem estatal;

- Identifiquei Culturas muito setorizadas em empresas de um mesmo Grupo de origem, com os mesmos valores corporativos. A natureza do negócio e a consequente distinção dos perfis profissionais envolvidos levaram a dinâmicas organizacionais distintas;

- As práticas relacionadas a Cliente e Mercado são tratadas de forma diversa em função especialmente do Controle da Incerteza presente: quanto maior o Controle, provavelmente menor abertura para ouvir o mercado, flexibilizar práticas. Por outro lado, a receptividade às nuances do mercado

pode ser aprendida justamente pela necessidade de controlar a exposição à incerteza do ambiente; leva a empresa a estar mais preparada;
- No geral, reconheci mais foco no processo em empresas com alta Distância do Poder e mais foco em resultado em contextos de mais baixa Distância;
- Identifiquei Proximidade como uma conquista de empresas normalmente mais jovens, enquanto a alta Distância se mostrou mais presente naquelas já com longa história para contar;
- Encontrei Culturas organizacionais mais voltadas a resultados em empresas multinacionais de origem americana, do que de algumas nacionalidades europeias;
- Mapeei mais "Feminilidade" em empresas de serviços do que na indústria; também mais presente em empresas de nacionalidade que privilegia esse valor (ex.: Holanda);
- As empresas de capital aberto tendem a demonstrar mais foco no resultado (Masculinidade) do que as organizações donais, tradicionalmente mais voltadas ao processo;
- O Protagonismo aparece mais associado à baixa Distância do Poder;
- A alta Distância do Poder e alto Controle da Incerteza podem levar à imagem de arrogância na relação de mercado (empresa fechada). Essa mesma composição pode dificultar movimentos culturais (mais resistência);
- O foco excessivo em Masculinidade pode comprometer Clima organizacional pelo distanciamento do eixo Pessoas. Por outro lado, alguns perfis profissionais valorizarão essa proposta quando

associada a Individualismo – e revelarão satisfação com o Clima – porque focados eles próprios em desafios.

Esse é o mosaico de cores e luzes do nosso trabalho na consultoria.

É preciso valorizar a riqueza que ele propicia e respeitar cada composição como única e íntegra. Se a necessidade do momento é por mudança nas tonalidades e na integração das partes, isso só acontece porque existiu uma construção, uma história e uma razão.

Hofstede afirma que o valor das Culturas organizacionais "só pode ser completamente apreciado por pessoas de dentro; os de fora precisam de empatia para compreendê-lo". Também dele é a expressão "mudar os valores coletivos de pessoas adultas numa determinada direção é extremamente difícil, se não impossível". Mas a mudança de práticas pode ser influenciada em uma direção ou em outra, e ela é libertadora para influenciar o todo.

> Nos nossos projetos, trabalhamos a identificação de práticas que mudam crenças, que favorecem novo padrão comportamental, novo estágio cultural e nova forma de organizar a empresa e de movimentá-la. Essa integração de crenças, comportamento, Cultura, estruturas, sistemas, processos é a complexidade e o desafio.
>
> Nada a questionar do passado. Tudo a se repensar para o futuro.

4. Implementar a Mudança

Por Onde Começar?

Mas onde devia começar?
O mundo é tão vasto!
Por meu país, que é o que eu conheço melhor.
Mas meu país é tão grande!
Seria melhor começar pela minha cidade...
Mas minha cidade é tão grande!
Seria melhor começar por minha rua...
- Não! Minha casa!
- Não! Minha família!
Não importa.
Começarei comigo mesmo.

"Almas em Chama", Elias "Elie" *Wiesel*

Transição em Movimento

> *A igualdade nos faz repousar.*
> *A contradição é que nos torna produtivos.*
> Johann Goethe

Quando o processo de transição cultural se coloca em cena, dos líderes já não se espera somente uma prática alinhada à Cultura desejada. É pouco. É preciso que, rapidamente, eles comecem a implementar Experiências (iniciativas estrategicamente planejadas) para alterar Crenças vigentes que podem dificultar ou mesmo impedir o processo de mudança.
Vamos esclarecer esse mecanismo:

1. As crenças atuais são resultado de experiências vivenciadas e levam a ações atuais;
2. Para reverter ações atuais em desejadas, é preciso criar experiências novas que transformem crenças atuais em crenças renovadas.

"Nada leva as pessoas a mudarem a maneira como agem mais rápido do que fazê-las mudar a maneira como pensam... Quando as experiências se traduzem em crenças compartilhadas, não é preciso dizer a ninguém o que fazer" – Roger Connors e Tom Smith.
Vamos retomar as siglas da metodologia com que estamos trabalhando e inserir mais elementos para entender a força da Ilustração 6:

	Atual	Desejado
Resultado	R^1	R^2
Cultura	C^1	C^2
Ação	A^1	A^2
Crença (Belief)	B^1	B^2
Experiência	E^1	E^2

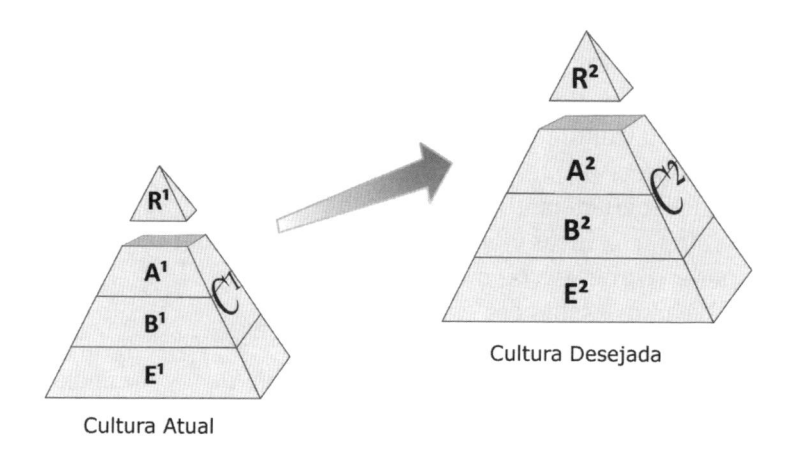

Ilustração 6 – Pirâmides de Resultado: Transição Cultural de C^1 para C^2
Roger Connors e Tom Smith

Conforme já comentado neste livro, nos estágios iniciais dos processos de transição os líderes estão submersos nas mesmas crenças dos demais profissionais, pois são influenciados pela mesma Cultura vigente. O desafio é levá-los, primeiramente, a entender as razões (as crenças) subjacentes a seus próprios comportamentos para depois apoiá-los no seu desenvolvimento e no das equipes, desde que percebam, lógico, os benefícios da mudança.

As experiências a serem implementadas são exercícios que exigem autoconhecimento e muita familiaridade com os direcionadores do processo de transição cultural. Elas poderão ficar restritas a "performances comportamentais" ou já contemplar mudanças em políticas, procedimentos, estruturas e processos da empresa. O que muda essencialmente é a natureza da iniciativa; seu valor é muito menos ser referência da Cultura desejada, e muito mais um impacto planejado na reversão da Cultura atual. "Experiência" no sentido aqui proposto é essencialmente uma estratégia sofisticada de influência.

Dada essa complexidade, é preciso que o líder invista criteriosamente na sua capacitação para poder assumir o papel de agente transformador, no processo de mudança. Essa tem que ser sua preocupação mais relevante.

Ao longo do tempo, o trabalho fica mais fácil. As experiências vão acontecendo e se somando.

Com o desenvolvimento de um grupo de profissionais focados na transição, a Comunidade de Líderes vai se fortalecendo e sustentará o ritmo do movimento e a capacitação dos novos líderes. Ela tem capacidade de se antecipar a tendências e fazer mercado; ela consegue dialogar com o cliente e disseminar uma postura de escuta ativa e resposta que agregue valor.

> Vale reforçar que transição cultural é um processo coletivo. Embora nele se inclua uma pessoa de cada vez.
> Portanto, o trabalho de construção e implementação de Experiências sucessivas exige foco, persistência e vontade de influenciar.
> Segundo Jim Collins, "a grandeza não é, em essência, uma questão de circunstância; a grandeza é, acima de tudo, uma questão de escolha consciente e de disciplina".

COMO RENOVAR CRENÇAS VIGENTES

> *Não sabíamos se íamos chegar.*
> *Mas nunca duvidamos que fosse possível.*
>
> Beto Pandiani – Navegador

A Liderança tem um recurso chave para renovar crenças vigentes e, portanto, a Cultura da empresa. Ele se chama "construção de experiências".

Mas o que é exatamente uma Experiência? Experiência, nos propósitos do PCL, é uma "ação planejada de influência".

Vamos imaginar que você nunca entrou em um supermercado próximo à sua casa porque tem uma crença a respeito desse estabelecimento: "Acredito que os preços nesse supermercado são muito mais elevados do que no mercadinho da esquina, já que ele é imponente e deve gastar muito em marketing", diz você a si mesmo.

Um dia, você resolve entrar somente para conhecer o local e percebe que o ambiente realmente é diferenciado, muito organizado e limpo e, para surpresa sua, os preços em média são mais competitivos do que os do mercadinho da esquina. Esse supermercado faz parte de uma rede e possivelmente consiga melhores negociações com fornecedores. Você aproveitou a oportunidade e levou vários produtos para casa, animado com mais essa alternativa de compra no seu bairro.

Enfim, você teve uma ótima experiência de compra que mudou uma crença sua e, portanto, sua ação futura. Com certeza, você passará a frequentar mais esse local do que a opção da esquina.

Em um processo de transição organizacional, todo líder precisa planejar experiências novas com o objetivo específico de reverter crenças vigentes que dificultam a transição. Exemplo de crença que limita uma atuação protagonista nas equipes: "Aqui quem decide é o chefe e não adianta dar palpite".

Crenças como essa já não podem ser mantidas nas empresas, no geral, embaladas por pressão de competitividade e desafios de trabalho em rede. É preciso revertê-las construindo situações em que os profissionais possam perceber que agora há espaço para trazer propostas e assumir decisões com responsabilidade. Deles já não se espera só que acolham ordens, mas que se posicionem como protagonistas, contribuindo para a busca permanente de resultados superiores.

No Projeto Cultura e Liderança os líderes são orientados a analisarem o cotidiano do trabalho nas diferentes áreas, identificarem crenças vigentes que precisam ser mudadas e planejarem, passo a passo, experiências que favoreçam essa mudança.

Somente avaliar bem o projeto não fará a mudança da empresa. Ela acontecerá na prática e depende de cada um dos líderes e de todos eles: diretores, gerentes, presidentes, coordenadores, supervisores, encarregados. O PCL precisa ser entendido como um investimento expressivo no desenvolvimento da Liderança, para que essa faça acontecer a mudança que o negócio necessita. O objetivo é o novo patamar de resultado para sobrevivência da empresa, para sua alavancagem, retomada da liderança e novos voos.

> Implementar Experiências planejadas será a maior contribuição dos líderes para acelerar o ritmo da transição cultural. E será também uma oportunidade para quem deseja contribuir e não sabe como.
> Será uma realização da qual todos se orgulharão no futuro e repetirão continuamente.
> A necessidade de mudança é permanente.

CONSTRUA EXPERIÊNCIAS QUE TRANSFORMAM

Segundo Roger Connors e Tom Smith, há tipos diferentes de experiências dependendo da facilidade de entendimento que elas possibilitam e, portanto, da força do seu impacto. Confira abaixo quatro tipos com diferentes impactos nas pessoas envolvidas:

- Tipo 1: Evento significativo que leva à percepção imediata do que se pretende (não demanda interpretação e tem forte impacto na reversão de crenças);

- Tipo 2: Experiência que precisa ser interpretada para formar as crenças desejadas; ela precisa ser explicada (reduz o impacto de mudança imediata);

- Tipo 3: Experiência que não afeta a crença predominante porque é percebida como insignificante;

- Tipo 4: Experiência que será sempre mal interpretada, podendo até reforçar a crença atual independente da interpretação que se ofereça.

Assim, a construção de experiências exige uma estruturação criteriosa. Veja os quatro passos desse processo, segundo os autores citados:

1. Planejamento
- Que crença B^1 eu preciso renovar/reescrever? Que Crença B^2 eu preciso criar ou reforçar?
- Quem é meu público-alvo para a Experiência?
- Que Experiência (E^2) eu vou oferecer?
- Qual o melhor momento para fazer isso?
- Quem pode dar sugestões para meu plano?

2. Execução

Implante a experiência e faça a um observador previamente definido os seguintes questionamentos:

- Que tipo de Experiência você acha que ofereci (1, 2, 3 ou 4)?
- Como você acha que as pessoas reagiram?
- Você acredita que a experiência (E^2) gerará o efeito pretendido sobre a crença B^1?

3. Checagem

Peça *feedback* sobre a experiência e as crenças que estão se formando:
- Seja curioso e ouça o que as pessoas realmente pensam;
- Obtenha o máximo de informação do maior número de pessoas possível;
- Não faça perguntas que direcionem a resposta. Use perguntas abertas: "O que você achou da experiência? O que você aprendeu com ela?".

4. Interpretação

Se o *feedback* indicar que a evolução não está no caminho certo:
- Esclareça às pessoas a B^2 que está em foco;
- Explique como a experiência foi destinada a fomentar a crença específica;
- Esclareça dúvidas, responda aos questionamentos.

Considerando a relevância do Planejamento da Experiência do qual decorrem as outras iniciativas, vamos explorar melhor essa etapa. Veja algumas orientações a respeito:

1. Para garantir mais foco, direcione as experiências somente a uma dimensão cultural a ser trabalhada (por exemplo: Distância do Poder);
2. Especifique claramente as crenças B^1 e B^2. Lembrar que B^2 é o inverso de B^1 e bem alinhada à Cultura desejada;
3. Público-alvo: pode ser a equipe subordinada. No entanto, no decorrer do PCL, são esperadas Experiências para reversão de crenças de pares ou de superiores. O líder tem o papel de interferir a favor da transição, na empresa como um todo e não somente na sua própria área;
4. Escreva a proposta de experiência na primeira pessoa ("eu vou fazer..."). Garanta foco nessa proposta visando gerar forte impacto; ainda que não mude a crença definitivamente, é preciso colocá-la em cheque. O desdobramento/repetição da experiência terá impacto mais contundente;
5. Defina uma data específica e factível para a realização da experiência;
6. Prepare um observador para lhe dar *feedback* sobre a condução da experiência (e não se a crença foi revertida). Esse observador deve ser um "aliado", alguém de sua confiança que contribuirá para você saber se conduziu corretamente a experiência. É importante que este papel seja combinado com a pessoa escolhida antes do início da experiência para que ela se prepare;
7. Checagem: é importante definir indicadores, que são evidências de que a nova crença alterou comportamentos;
8. "Interpretação" – nessa metodologia – corresponde a uma "legenda" da experiência, ou seja, uma maneira de explicá-la, assim como seus objetivos. Lembre que especialmente experiência do Tipo 2 exige interpretação para ser eficaz. A minha recomendação é que nos estágios iniciais do processo

de transição, você deixe sempre clara a legenda das experiências. Como se tratam de fatos novos na Cultura desejada, eles podem parecer estranhos e fora de contexto.

Para melhor se preparar para uma primeira experiência planejada, veja a estrutura que recomendamos, item a item.

Item	Descritivo
1. Propósito	Acelerar o processo de transição cultural investindo na seguinte Dimensão Cultural:
2. Foco	B^1: B^2:
3. Público	Quem é o público-alvo? Quem esse público vai influenciar?
4. Experiência	Detalhar a proposta. Pode ser comportamento ou revisão de processos, políticas.
5. Data	Qual o melhor momento para essa Experiência?
6. Observador	Quem vai ser convidado para oferecer *feedback* depois?
7. Checagem	Como saber se a Crença foi alterada?
8. Interpretação	Qual "legenda" será utilizada?

Renovar crenças exige a construção de Experiências significativas e disciplina na implantação.

> Qual foi a Experiência mais transformadora que você já vivenciou e que provocou em você um novo olhar na forma de ver o mundo?
> Dá para extrair daí um aprendizado?
> Pense nisso.

Conquistas do Primeiro Ano

O Projeto Cultura e Liderança é um processo com *outputs* a serem nomeados e valorizados como apoio à mudança. Cada um deles tem impacto no desempenho da Liderança e, consequentemente, na transição cultural. Somente como exemplo, apresentamos a comunicação divulgada ao final do primeiro ano de PCL, para os líderes de uma empresa cuja Cultura inicial era fortemente coletivista, com alta Distância do Poder.

1. "Hoje existe uma **linguagem comum** de C^2 e R^2 na Comunidade de Líderes, ainda que ela careça de refinamento. Esse público usa a terminologia de Estilos de Liderança (Diretivo, Modelador e outros), Dimensões de Cultura (Distância do Poder etc.) e Cultura desejada (Proximidade, Protagonismo). Esse estágio é pré-requisito para o movimento cultural;
2. **400 Experiências** estão sendo implementadas nas diferentes localidades, visando reverter Crenças específicas da Cultura atual. O fato de as mesmas estarem compartilhadas no site do PCL deve ser valorizado, considerando que essa Comunidade de Líderes tem um perfil mais técnico e resistência à exposição;
3. Um **Programa de Desenvolvimento da Liderança** está em curso para alinhar referenciais de gestão em uma população dispersa e heterogênea, que não tinha passado, pelo menos nos últimos anos, por um processo educativo de alinhamento;
4. Um processo de *Coaching* **Individual** da Liderança está em andamento, em uma empresa onde se

duvidava que os profissionais se agendassem para tanto. A metodologia das Sessões leva a um crescendo de autoconhecimento e compromisso;
5. O PCL é reconhecido como um **Fórum de Diálogo da Liderança** resgatando senso de pertencer, compromisso e apoio mútuo, e favorecendo alinhamento e proximidade. É um fórum que o grupo diretivo tem utilizado para mobilização e monitoramento do novo "jeito de ser e de fazer" da empresa;
6. Um *Blog* da Liderança está favorecendo troca de ideias e apoio mútuo entre os líderes. Esse é um instrumento de comunicação por rede, que estimula um novo jeito de se relacionar, interferir e contribuir;
7. O **Boletim da Liderança,** lançado no primeiro mês do PCL, está na sua 23ª edição, reforçando conteúdos do projeto e divulgando depoimentos de líderes sobre a transição na empresa. Esse informativo tem subsidiado a condução de reuniões sistemáticas de líderes com seus times explorando os conteúdos de cada edição;
8. A **Revista Institucional, c**om periodicidade quinzenal, tem agora intercalado conteúdos do passado vitorioso da empresa com conteúdos do PCL – construção do futuro. Algumas Experiências anunciadas no site já foram divulgadas também na Revista, a qual se destina a todos os colaboradores;
9. Uma **Biblioteca da Liderança** está disponível no site do PCL com conteúdos produzidos pelos líderes nos *workshops* e textos de apoio da consultoria. Parte dos conteúdos foi incluída por iniciativa e contribuição dos próprios líderes;
10. Um **Banco de Dados de Estilos de Liderança** está disponível para pesquisa e se constitui em recurso importante para monitorar a transição cultural.

Nova avaliação de Estilos está programada para o fechamento da Etapa 3 do PCL;
11. Um **Banco de Dados da Cultura** da empresa foi construído pela Comunidade de Líderes, nas Etapas 1 e 2 do projeto. Ele inclui conteúdos para pesquisa e para monitoramento da transição: Ações vigentes e Ações necessárias para R², Crenças Vigentes e Crenças Necessárias, Experiências para renovação das Crenças (ligadas a Dimensões específicas da Cultura desejada);
12. Estão disponíveis **Ferramentas de Gestão** que apoiam o líder no processo de mudança, com destaque para a avaliação de Estilos de Liderança e a estrutura para construção de Experiências para reverter crenças vigentes;
13. Foram conduzidas sessões de **Alinhamento dos Parceiros** responsáveis pelos treinamentos nas unidades de negócio, programa de trainee, comunicação interna e externa, contratação de pessoas, política de remuneração e incentivos, pesquisa de cliente, planejamento estratégico. O foco foi explorar a distância entre Cultura atual e desejada e os desafios da transição para compromisso comum e atuação integrada dessa rede de profissionais."

Destaque-se que esses são *outputs* do citado projeto, os quais precisam já estar convivendo com *outputs* da transição cultural da empresa após os primeiros meses de trabalho.

Com relação a esses, podemos estimar mudanças na estrutura organizacional, ampliação ou redução de linhas de negócio, substituições de profissionais por novos perfis, desburocratização, investimento na marca, revisão do Plano Estratégico, mudanças de *layout* ou mesmo de local da empresa, novo *approach* de mercado, dentre outras possibilidades.

Lembre que parte dessas iniciativas pode ter sido concebida como Experiências para "reescrever" crenças arraigadas na Cultura. Elas têm valor porque revertem crenças indesejadas e porque já anunciam que a Cultura desejada está presente, a favor de um novo patamar de resultado.

PCL e Transição se impactam mutuamente.

É preciso olhar para esses dois movimentos complexos e interdependentes, com lucidez, aceitação e ansiedade. Eles precisarão de monitoramento firme, disciplinado, cuidadoso, acolhedor e rigoroso.

> O Projeto Cultura e Liderança e a Transição da empresa são como dois garotos às vezes inquietos; outras vezes, preguiçosos. Eles têm potencial, mas podem se mostrar desajeitados pela sua natureza e juventude.
>
> Eles precisam de uma mãe que os acolha e os defenda. Eles precisam de um pai que os posicione e os sustentem caminhando lado a lado.

Riscos e Limitações

Muitas são as possibilidades da transição cultural não acontecer, ocorrer em ritmo mais lento do que o necessário ou mesmo caminhar na direção contrária ao planejado. Ou então, superar expectativas apesar das dificuldades. Da minha vivência em consultoria, vou descrever cinco situações emblemáticas que selecionei.

1. Mudança Acionária

Trata-se de uma empresa de prestação de serviço essencial, com histórico de estatal e Cultura coletivista, onde estavam presentes baixo protagonismo e alta distância do poder. O desejo de renovação vinha do presidente, focado no compromisso de ampliar o valor da ação da empresa e, portanto, na rentabilidade e na imagem junto ao mercado. Era preciso evoluir de uma marca de tradição para a modernidade, identificada com melhorias na prestação de serviço e proximidade junto à comunidade.

O PCL foi negociado para dois anos e caminhou dentro do cronograma previsto, apesar de uma mudança expressiva na empresa, exatamente na passagem do primeiro para o segundo ano. Por questões acionárias, assumiu uma nova Diretoria, composta por executivos experientes no segmento, mas que não necessariamente comungavam com todos os pressupostos do PCL em andamento, inclusive pelo fato de não terem participado da sua concepção. A própria definição de Cultura desejada sofreu ajuste, ainda que não assumido. O foco da nova Direção estava mais na eficiência (alto controle da incerteza) do que no protagonismo (meritocracia e delegação).

A evolução cultural foi reconhecida ao final do PCL. O grupo de líderes participante tinha agora uma linguagem comum, mais sinergia, mais alinhamento e mais ferramentas de gestão para agilidade de decisão e desenvolvimento de pessoas. Apesar da mudança acionária e de Diretoria, esse grupo se fortaleceu e pode se apoiar para mudanças importantes de estrutura, processo e posicionamento da marca no mercado.

No entanto, até o final do projeto, entendi que a nova Diretoria não usufruiu integralmente desse investimento, porque não o colocou a seu favor na gestão da Liderança da empresa; não fez do PCL o seu canal de comunicação e de alinhamento; não se colocou como parte dessa Liderança em desenvolvimento, interferindo e usufruindo da onda coletiva em evolução.

Ela respeitou o PCL e o manteve vivo na empresa porque entendeu o seu valor. Só não capitalizou esse recurso, amplificando seu potencial e, com certeza, potencializando a força da mudança na empresa.

2. Reassume o Dono

Empresa familiar de produtos de consumo reconhece a necessidade de investir na modernização da gestão para se sustentar no mercado mais competitivo, que reduziu margens de rentabilidade. Com essa perspectiva, a empresa assumiu novo modelo de governança e contratou presidente profissional para renovar o posicionamento de marketing e de condução do negócio.

Pelas dificuldades encontradas – estágio de gestão da empresa *versus* mercado – os desafios não foram superados no tempo desejado pelo acionista e esse promoveu nova substituição de presidente.

Falava-se de mudança, mas já com certo sentimento de frustração. O resultado não despontava por uma série de limitações, inclusive estruturais, do negócio estabelecido. As resistências por parte dos diretores e dos acionistas eram explícitas. Na Diretoria, não havia consenso quanto aos direcionadores do negócio e mesmo possibilidades de sucesso da empresa, no tempo definido pelo acionista.

Como um dos recursos para buscar alinhamento e mesmo trabalhar a motivação do time de diretores, o presidente optou por investir na discussão das prioridades para o ano e direcionadores de uma nova dinâmica organizacional que melhor respondesse aos desafios que enfrentavam. Assim, promoveu um encontro que seria o primeiro de um processo, o qual envolveria o nível gerencial na sequência.

Esse encontro foi revelador. Ficou claro para todos o que era preciso e possível fazer e entregar pelo menos no curto e médio prazo, o que priorizar na gestão e onde investir para conquistar uma Cultura renovada que melhor suportasse o resultado pretendido. Os diretores se surpreenderam positivamente com a possibilidade de serem tão objetivos nas questões culturais e de liderança. Eles saíram do encontro com autoestima mais elevada, compromissos alinhados e um plano de trabalho.

Infelizmente, não houve tempo para colocá-lo em prática.

O acionista já havia tomado a decisão de reassumir a presidência em função dos resultados insatisfatórios e o fez no dia seguinte ao retorno do *workshop* da Diretoria. Saiu o presidente. Alguns diretores acabaram saindo também.

A Cultura atual ficou reforçada.

Os desafios continuaram presentes.

3. Crise do Negócio

Trata-se de empresa multinacional, com forte necessidade de mudança de Cultura para ganhar agilidade e sinergia e manter a liderança, no mercado altamente competitivo e em mutação. Os profissionais tinham um perfil agressivo e disputavam espaço, inclusive pela diversidade em termos de formação, tempo de empresa, momento de carreira e posicionamento quanto à evolução do negócio. Havia forte pressão do acionista por resultado imediato (alta masculinidade), traços autoritários da gestão da matriz (alta distância do poder) e excesso de controles (alto controle da incerteza).

O PCL – projeto arrojado previsto para dois anos e com envolvimento de um grupo composto por 500 líderes – começou com resistência dos profissionais mais identificados com estilos Autoritário-Modelador ("eu é que mando" e "eu é que sei") e com valores pessoais associados a alta distância do poder e paternalismo, coletivismo. Essa resistência se mostrava crítica, especialmente devido à motivação de alta influência de muitos desses líderes, o que levava a comportamentos de impacto negativo na empresa.

Próximo ao final do primeiro ano do projeto, a pressão por resultados imediatos levou a alternativas ousadas na condução do negócio, as quais comprometeram a prestação de serviços e a imagem externa, com repercussão dramática na história da empresa. A Direção mobilizou-se rapidamente e frentes de trabalho foram definidas para superação da crise, com metas desafiadoras de prazo curto.

Esse contexto poderia ter abortado o PCL de imediato, mas ele já tinha se mostrado um recurso eficaz de alinhamento e mobilização dos líderes, a favor do resgate da imagem, da melhoria do clima organizacional e do sentimento de orgulho de pertencer. O projeto ganhou força nesse momento: os líderes contavam com uma linguagem comum a favorecer a sinergia e o apoio mútuo na crise. Ele continuou com suas etapas sequenciais e seus eventos se consistiam em espaços para acolhimento individual e fortalecimento do coletivo. As ausências eram poucas; os líderes aproveitavam ainda mais os aprendizados e as oportunidades de evoluir.

Essa aposta do corpo diretivo na sustentação do processo de transição cultural durante a crise se mostrou acertada. Ao final do segundo ano do PCL, quando do seu encerramento, as avaliações foram positivas em todos os indicadores do projeto, nas quatro dimensões da Cultura desejada desenhada dois anos antes.

Havia um sentimento de orgulho pela superação. Havia um reconhecimento de que o projeto tinha feito diferença expressiva na gestão, na empresa e nas pessoas.

Como prova dessa valorização, a empresa aportou novos investimentos para desdobramento do PCL para mais 350 profissionais responsáveis por coordenação de time. Era preciso fortalecer os traços da Cultura desejada em cada recanto da operação e esses coordenadores eram essenciais nessa proposta. Eles já estavam iniciados no processo educativo, em função de ações de seus próprios líderes, os quais tinham participado da primeira onda do projeto. Os coordenadores iriam agora para a pós-graduação e estavam interessados.

O PCL já era um "objeto de desejo".

4. Visão de Curto Prazo

Um processo de transição cultural pode ser atropelado pela ansiedade dos executivos responsáveis. Aqui não se trata de citar um *case,* mas é situação corriqueira no mundo corporativo.

Muitas vezes, a expectativa de resultado de curto prazo leva à compreensão precipitada de que a mudança está estagnada, acarretando decisões que atropelam o ritmo do desenvolvimento ou cancelam etapas, com impactos negativos no processo.

A visão de curto prazo pode ser atribuída ao perfil pessoal dos responsáveis pela condução do negócio, à pressão de acionistas para mais receita e menos investimento, ao histórico da empresa sempre com olhar no presente e no resultado imediato, ou ainda à falta de repertório dos executivos no que diz respeito ao desenvolvimento humano. Esse desenvolvimento necessariamente passa por etapas sequenciais de germinação da proposta de mudança, mobilização para a mudança, capacitação para fazer acontecer e implementação de práticas renovadas. É possível acelerar essa evolução, mas não por decreto e nem abolindo etapas.

Uma das dificuldades críticas, do ponto de vista da consultoria, é gerenciar a ansiedade do cliente (e do consultor) e monitorar um movimento sustentado, evolutivo e eficaz, no menor tempo possível, mas respeitando o tempo necessário. É preciso ajudar a ampliação de uma competência-chave nesses processos de mudança: o pensamento sistêmico. As variáveis intervenientes e concomitantes precisam ser compreendidas e cuidadosamente gerenciadas. Por diversas ocasiões, na condução do PCL eu me lembrei de certo registro de chuveiro, na casa de praia. Na verdade, dois registros: um de água quente e outro de água fria. Por alguma razão estrutural no encanamento, a água nesse banheiro demora mais do que o usual para começar a esquentar. Mesmo com a experiência de vários anos usando esse chuveiro, tendo a abrir a água quente e depois a água fria. Não dou o tempo necessário ao escoamento esperado e começo aleatoriamente a mexer nos comandos: fecho um pouco a água fria, aumento a quente, a água vem quente demais, então reduzo a fria, e nada muda rapidamente por causa da estrutura que traz lentidão. Reduzo a quente, e a água esfria; novamente vou abrindo e fechando e parece que nada depende de mim: a água e os registros parecem assumir o comando, terem vontade própria; e eu me frustro. Tenho que fechar tudo e começar outra vez. Esse problema ocorre porque não assumo a estrutura base, as variáveis do ambiente, a noção de processo e a necessidade de controle da ansiedade.

Esse é o experimento típico de Peter Senge – professor e teórico americano – descrevendo Pensamento Sistêmico. Eu o tenho na casa de praia, sempre à minha disposição.

O PCL é um conjunto de registros, todos sendo abertos e fechados em um ritmo planejado e cuidadoso, de forma interdependente, complexa. A ansiedade não vai ajudar. Ela faz parte, mas é preciso abrir espaço para a sabedoria e a persistência.

Que não se deixe a condução ao sabor das águas. Mas que não se apresse abusivamente o rio. Ele pode deixar o leito seco depois da passagem.

5. Desculpa Verdadeira

Um sério e frequente limitador do ritmo de processos de transição cultural, e mesmo do insucesso desse empreendimento, é a dificuldade dos líderes "quebrarem ovos", que significa assumir publicamente atitudes de ruptura com uma situação de conforto. Especialmente das lideranças mais estratégicas – *Board*, Diretoria – se espera sinais contundentes de que a "mudança é para valer". E todo processo de evolução exige algum tipo de desconstrução.

Nos primeiros meses do PCL, em diferentes empresas, nós da consultoria justificamos a demora da Direção em assumir decisões emblemáticas que os demais níveis hierárquicos esperavam. Afinal, presidentes, vice-presidentes, diretores estão, na sua maioria, inseridos na Cultura atual em um primeiro momento, e a mudança não é simples inclusive para eles.

No entanto, trata-se de um grupo que, em princípio, tem um compromisso maior com os pressupostos do PCL porque bancou o investimento. Suas decisões têm impacto ampliado na organização; seu comportamento é uma vitrine.

Dessa forma, é preciso que esse time sênior e estratégico se alinhe mais rapidamente que os demais para perseguir a mudança, de forma sustentada, consequente e obsessiva. O PCL precisa prever um investimento adicional e acelerado para esses executivos acessarem antecipadamente um patamar de alinhamento e de confiança mútua que lhes dê respaldo e segurança para ações (extraordinárias) que se tornem referência para os demais níveis hierárquicos.

Por exemplo, não é fácil demitir profissionais com perfis cristalizados em Cultura atual e respeitados internamente, seja por qualificação técnica diferenciada, seja por longo histórico de contribuição à empresa. É verdade. Mas não fazê-lo pode ser desculpa para não encarar o desafio, se expor a questionamentos e correr risco.

Não é fácil assumir critérios novos para avaliação de pessoas, remuneração, contratação, quando a situação vigente traz conforto e aceitação. É verdade, mas a Cultura desejada tem que começar a se mostrar nas decisões estratégicas e na gestão diária. Portanto, como diz o psiquiatra Paulo Gaudêncio, se você tiver uma boa desculpa verdadeira, não a use porque estará perdido.

Não é simples deixar de vender determinados produtos ou não entrar em determinados mercados porque eles estão desalinhados do novo patamar de resultado pretendido. Não é simples investir em novas estratégias negociais, mudanças estruturais, eliminação de processos ultrapassados, redesenho de funções tradicionais, redução de expectativas de resultado de curto prazo, tudo para respeitar uma proposta de renovação da Cultura.

Na condução dos projetos de transição, constatei que um dos fatores críticos a serem gerenciados nos primeiros meses é a insegurança por parte da Direção quanto ao caminho cultural traçado. Superado esse estágio, pude reconhecer como limitante a falta de repertório dos líderes envolvidos para práticas renovadas, novos padrões comportamentais. Em certos casos, somente a saída de alguns executivos pode levar a mudança a acontecer. A preservação de "heróis" arraigados à Cultura desejada trabalha na contramão da proposta de transição e pode gerar descrédito fatal para todo o investimento.

Um processo de integração ou transição cultural se dá com agilidade e sucesso especialmente quando os *sponsors* vão demonstrando sucessivos sinais de compromisso com todo o processo, gerando experiências que mudam crenças e fortalecem a implementação da Cultura desejada, tais como:

1. Desfazer os símbolos de Cultura atual e instituir símbolos de Cultura desejada. Por exemplo: eliminar norma de elevador privativo para a Diretoria como sinal de redução de distância do poder e criar fóruns de decisão com participação mais ampliada com esse mesmo objetivo;

2. Implantar rituais como a celebração de conquistas para parabenizar a contribuição dos envolvidos e reforçar que a "feminilidade" (atenção às pessoas e ao clima interno) faz parte;
3. Eleger novos heróis como referência de postura e valores renovados. Por exemplo: a promoção de profissionais com destaque por mérito e não por tradição, demonstrando que a Cultura coletivista não tem mais espaço.

Uma Cultura é "lida" por seus observadores internos ou externos a partir dos Símbolos, Rituais e Heróis. Esse conjunto revela os Valores subjacentes.

Em uma Cultura estabelecida, a integração de tais elementos é nítida. Em uma Cultura em transição, ela ainda é um jogo de xadrez que exige estratégia, técnica e compromisso para fazer os melhores movimentos.

> Nada é simples. É sabido e eu concordo.
> Só cuidado com a Desculpa Verdadeira: é verdade, mas é desculpa.
> Não leva a lugar algum.

Uma História de Sucesso

Integração Cultural no Sistema Financeiro

A QuotaMais Consultoria, da qual sou sócia, foi parceira do ABN-Real quando da integração de Cultura desses bancos, com histórias, nacionalidades e modelos de gestão distintos. Foi o primeiro projeto expressivo de Cultura e Liderança de grandes proporções e desafio conduzido pela consultoria.

No primeiro ciclo do Projeto de Integração – na compra do Real pelo ABN -, a QuotaMais trabalhou com aproximadamente 800 gestores, em encontros de dois dias por grupo, discutindo as duas Culturas e o que seria a terceira a ser perseguida para sucesso da nova organização.

O desafio era considerável porque apesar de alguns Valores corporativos comuns, as empresas se diferenciavam significativamente nas Dimensões de análise de Cultura – Modelo Geert Hofstede -, citado anteriormente A construção de uma nova Cultura seria um investimento complexo inclusive pelo porte da organização integrada: cerca de 20.000 profissionais.

Ao final do ciclo de *workshops* – conhecidos como Líder da Integração – a Cultura desejada estava validada e outras iniciativas coordenadas pela consultoria tiveram lugar para garantir uma trajetória educativa e a conquista do novo estágio cultural:

1. Construção do Modelo de Competências da Liderança para a "nova" empresa;
2. *Assessments* de profissionais para posições-chave na estrutura;
3. *Teambuildings* nas áreas que passavam pela integração, assumindo profissionais das duas empresas de origem;

4. Processos de *Coaching* individual para líderes de destaque e com responsabilidade alavancada considerando a fusão das empresas.

O objetivo do projeto como um todo era desenvolver uma Cultura que atendesse às expectativas dos colaboradores (ambiente de trabalho acolhedor e desafiante), às necessidades do negócio (qualidade, agilidade e inovação) e ao propósito da Diretoria: uma Cultura de Resultado, alicerçada em Valores éticos. Essa composição seria refletida na marca da instituição e reforçaria sua presença no mercado, com orgulho por parte de todos os envolvidos.

O grupo diretivo – constituído naquele momento por integrantes dos dois bancos de origem – não somente se mostrou *sponsor* do projeto, como também participou de todas as etapas educativas propostas para os líderes em geral. Esse grupo manteve sempre uma postura de interesse pelo aprendizado, pelo alinhamento e pela consistência entre discurso e prática.

Esse time de líderes estratégicos se disponibilizou para um processo de *teambuilding* e alinhamento conduzido pela consultoria, durante todo o primeiro ano do projeto. O objetivo foi fortalecer confiança e apoio mútuos, que o ajudou a orquestrar a consolidação da integração e o sucesso do negócio no mercado, mesmo ante as dificuldades, eventuais frustrações e decepções pontuais.

O primeiro executivo foi sempre inspirador porque acreditava nas pessoas e na capacidade delas de se desenvolver, respeitava o seu time e compartilhava decisões, mantinha uma gestão firme e transparente baseada em Valores. Ele confiou na consultoria, compartilhou responsabilidades e cobrou resultado. Foi nosso grande aliado no projeto e a grande referência de Líder de Mudança que a empresa precisava.

As três primeiras pesquisas de Clima organizacional foram conduzidas pela QuotaMais e mostraram níveis crescentes de satisfação dos colaboradores, reforçando que o rumo da mudança estava na direção certa. O ciclo seguinte foi de consolidação da Cultura desejada. A consultoria foi responsável pelo *design* do Programa de Desenvolvimento da Liderança que, já no seu primeiro movimento, contou com a participação de 250 executivos.

O PDL contemplou quatro Módulos presenciais para desenvolvimento de competências de Liderança para a nova Cultura e sessões de *coaching* individual para todos os participantes. Parte significativa do processo de orientação individual esteve voltada para o planejamento, execução e difusão de Experiências para reversão de crenças vigentes. A QuotaMais contou com um grupo de *coaches* experientes e alinhados em uma mesma metodologia, visando assegurar aos líderes do Banco um processo personalizado e, ao mesmo tempo, estruturado para garantir uma evolução harmônica do grupo como um todo e a formação da Comunidade de Líderes.

O Programa teve início com um *assessment* de competências e de Estilos de Liderança que foi reaplicado ao final do projeto, como uma das medições da evolução pretendida. Ele teve a duração de 18 meses e os resultados positivos do investimento foram reconhecidos pelos participantes, pela Direção da empresa e pelas equipes subordinadas que enumeraram impactos positivos nas decisões de negócio e nas relações internas e externas.

Os líderes tinham ferramentas para identificar e reforçar, nas equipes, competências e práticas relacionadas à Cultura desejada. Sabiam como sustentar um clima positivo porque tinham aprendido a compartilhar mais as informações, explicitar melhor os critérios de gestão, serem mais justos na gestão da meritocracia.

As equipes respondiam com desempenho diferenciado e mais inovação. Elas puderam evoluir com agilidade porque eram estimuladas à superação.

O receio de perda de emprego natural nos primeiros tempos da fusão tinha se distanciado. Sem dúvida houve redução de pessoas dada à superposição de funções e busca de sinergias. No entanto, no geral, foi reconhecido critério nessas decisões e respeito no tratamento dos profissionais que deixaram a organização.

A relação entre as áreas da empresa também foi trabalhada e evoluiu positivamente, conquistando um estágio de compartilhamento maior, metas integradas e decisões alinhadas.

Estava presente uma prática de gestão orientada para protagonismo e responsabilidade social, e ela foi reconhecida, dentro e fora da empresa. Os Valores do Banco refletiram positivamente na sua imagem externa e fizeram negócio; suas práticas de gestão foram reconhecidas por outras organizações e fizeram mercado.

Foi um exemplo típico de C^2 (Cultura desejada) que trouxe R^2 (novo patamar de resultado), com louvor.

Com o dinamismo do mundo corporativo e os movimentos de fusão e aquisição, o Banco Real – uma referência no segmento financeiro – atraiu interesses de outras corporações e foi comprado. Tinha marca forte, histórico de resultado, profissionais competentes, inteligência de negócio, competências e Valores.

As empresas evoluem e se reconfiguram. As competências se somam e se transformam. Os clientes continuam seu desenvolvimento e crescem suas expectativas. O mundo é mutável e aí sua graça e sua beleza.

> Mas Desenvolvimento é conquista sem retorno.
> Quem viveu esse movimento, aprendeu com ele. E leva sua experiência transformada, em qualquer cenário que se apresente.
>
> Não se preocupem aqueles que entendem que projetos de desenvolvimento de pessoas não ajudam o caminhar das organizações. Essas só evoluem se as pessoas estiverem preparadas e quiserem assumir o desafio.

5. Liderança a Favor da Transição

Cultura, Clima e Liderança

O desafio das empresas não é diferente do desafio humano. Elas precisam sustentar a saúde, a beleza e a capacidade de produzir, além de se manterem desejadas através dos tempos.

Isso exige investimento contínuo na gestão da Cultura, já que seu substrato é o conjunto de valores, crenças, práticas e tecnologias que orienta o comportamento das pessoas na tomada de decisão, nas interlocuções com os diferentes *stakeholders*, na construção do resultado.

O "caldo" cultural de uma empresa é, em última instância, a teia de relações e papéis e ela pode ser mais rígida ou mais flexível, mais aberta ou mais fechada, mais transparente ou mais opaca, mais verticalizada ou mais conectada. Cada uma dessas composições tem impactos específicos nos processos de trabalho, nos resultados, na energia dos profissionais, na marca da empresa e na sua atratividade.

Cultura é variável em constante mutação, em função de sua conjuntura e seus atores. Ao mesmo tempo, há de se lidar com resistências a essa mutação decorrentes muitas vezes da própria história de sucesso da empresa, que a engrandece de um lado, e que pode limitá-la de outro. A sabedoria é não deixar esse movimento de avanços e retrocessos sem gestão e, sim, estrategicamente monitorá-lo e liderá-lo a favor dos objetivos organizacionais mais relevantes. A Liderança terá que fazer esse papel.

Clima organizacional também carece de atenção e cuidados. Ele é a medida da satisfação das pessoas com relação à Cultura vigente. É o grau de satisfação ante o que é percebido como oportunidade de participação nas decisões (Distância do Poder), meritocracia (Protagonismo), equilíbrio entre demanda e retribuição (Masculinidade-Feminilidade), espaço para criatividade (Controle da Incerteza) etc. Entende-se que o engajamento e o compromisso com relação à empresa dependem de Causas inspiradoras e satisfação com a Cultura vigente ou em construção.

De qualquer modo, a correlação Clima-Cultura não é linear.

Clima é percepção e, portanto, depende dos perfis dos profissionais envolvidos. É possível encontrar diferentes níveis de satisfação ante o mesmo "caldo" cultural.

Em uma Cultura fortemente paternalista, por exemplo, pode ser encontrado clima "negativo" (insatisfação das pessoas ante a distância do poder e das decisões) e clima positivo (satisfação pela baixa cobrança por protagonismo e tomada de decisão). No primeiro caso, provavelmente a característica dos profissionais respondentes é de questionamento e desejo por espaço de autonomia; já o perfil no segundo caso é de acomodação e dependência.

Contudo, em um processo onde está se instituindo uma Cultura de relações mais horizontalizadas e espaço para aprendizagem e erro, uma população com perfil conservador pode demonstrar insegurança e desconfortos, revelando índice baixo de Clima, enquanto perfis mais independentes podem apreciar o contexto e se engajarem.

Além do perfil dos profissionais, outras variáveis precisam ser consideradas para estudos de Clima e Cultura como a distância entre Cultura atual e desejada, estágio do processo de transição, forma como esse processo está sendo liderado, patamar de resultado do negócio, contexto externo da empresa.

Confira na matriz abaixo seis exemplos de correlação Clima-Cultura, um em cada linha horizontal. Alguns exemplos consideram Cultura atual igual à Cultura desejada (não há interesse em mudar); outros contemplam expectativa de transição cultural de A para B.

Ex.	Cultura Atual	Cultura Desejada	Processo Transição	Liderança do Processo	Perfil dos Profissionais	Resultado do Negócio	Contexto da Empresa	Clima
1	A	A	Inexistente	-	Alinhado à Cultura	Positivo	Estabilidade	Positivo
2	A	A	Inexistente	-	Alinhado à Cultura	Negativo (atual ou potencial)	Pressão	Decrescente
3	A	B	Inexistente	-	Desalinhado à Cultura	Negativo (atual ou potencial)	Forte Pressão	Insatisfatório
4	A	B	Desarticulado	Inexistente ou Ineficaz	Miscigenado	Insatisfatório	Crise	Crítico
5	A evoluindo para B	B	Estruturado, Transparente	Diretiva, inspiradora	Em mudança consistente com a transição	Indicadores de Evolução	Busca de Superação	Em recuperação
6	Conquista de B	Consolidar B	Sustentado, educativo	Inspiradora, compartilhada	Consistente com a proposta cultural	Positivo e com perspectiva de longo prazo	Celebração	Positivo

Essa matriz mostra uma gama de inter-relações e ainda não explicita uma variável-chave para construção de Clima organizacional, ou seja, os Estilos de Liderança vigentes em cada unidade da empresa. Muitos dos fatores de satisfação e insatisfação no mundo corporativo decorrem da forma como os líderes imediatos tomam decisões, compartilham as estratégicas, inspiram as pessoas. Vamos considerar que essa variável está contida, de forma macro, na coluna "Cultura Atual".

Dado esse mapa assim complexo, é vital e é óbvio que cabe aos líderes – além da busca responsável e permanente por resultado – investimentos na gestão do Clima e da Cultura das suas empresas. E eles precisam se preparar para tanto.

Certa ocasião, eu fazia a apresentação de uma proposta de competências da Liderança para o *board* de uma grande organização do segmento varejista. Nossa equipe tinha trabalhado semanas na construção do conteúdo e estávamos certos de que o produto do trabalho era consistente.

Os executivos presentes se mostravam atentos, porém formais. O dono – presidente da empresa – sentava-se à ponta da mesa, oposta à tela e à minha presença; os vice-presidentes ocupavam as duas laterais. Eu não recebia sinais de que a proposta estava fazendo sentido, o que não é confortável em qualquer situação.

Mas era o cliente, e eu seguia em frente.

Quando terminei a apresentação, esperei o posicionamento do grupo. O grupo esperou o posicionamento do dono. O dono olhou por mais uns segundos a síntese da proposta contida no último slide. E então comentou: "Bom o trabalho". Respirei aliviada.

E ele continuou: "No entanto, não vi ai escrito em lugar algum que o líder precisa entender que é líder; e isso faz toda a diferença. Ele tem atribuições específicas e essa responsabilidade precisa pesar nas costas".

Não sei se concordo que é um "peso". Mas sei que concordo com ele.

Respondi que deixaria mais explícita essa questão no documento que eu tinha preparado.

Líderes são figuras públicas e isso tem impacto, queira ou não queira. Deles se espera clareza do processo de transição cultural, atenção à satisfação das pessoas e integração entre discurso e prática.

Sabe-se que CEO, diretores e empresários não são pessoas acima das tentações das crenças já enraizadas e dos hábitos estabelecidos nas empresas. Eles não são necessariamente superiores a outros profissionais em termos de capacidade de se renovar para redirecionar com segurança a dinâmica coletiva, garantindo uma visão de futuro atraente e inspiradora, a cada passo do processo.

Então é preciso estar aberto para investir no próprio desenvolvimento. Gestão de Clima e Cultura é um projeto complexo. Exige crença no futuro e disposição para mudar e ser mudado.

Exige sonho, esperança, estratégia e coragem. E é de coragem que fala Guimarães Rosa no texto que me emociona.

O correr da vida embrulha tudo.
A vida é assim: esquenta e esfria,
Aperta e daí afrouxa,
Sossega e depois desinquieta.
O que ela quer da gente é coragem...

É preciso coragem e determinação inclusive para construir redes de apoio, de parceria e de referência para se desenvolver. Afinal, não se trata mais de momento para heróis isolados nas empresas, mas de uma proposta de Comunidade que aprende junto, que constrói resultados superiores e que se descobre encantada com sua contribuição e seu potencial para fazer mais, para si e para a empresa a cada dia.

Os líderes passarão por fases para a construção dessa Comunidade iniciando pelo simples agrupamento (propósitos não compartilhados), evoluindo para a fase de estranhamento (o que eu tenho a ver com os demais?) e depois normatização (expectativas compartilhadas, alinhamento). Ao final chegarão ao estágio de identidade do grupo, caracterizada pelo alinhamento de valores e práticas, foco comum e confiança mútua.

O Projeto Cultura e Liderança trabalha essa evolução e comemora, ao final, uma Comunidade de Líderes madura para fazer a mudança da empresa e sustentar o equilíbrio, mesmo em tempos de mercados instáveis e objetivos desafiadores.

Ela é um recurso transformador e deve ser objeto de desejo.

Na Areia da Praia

Devemos ser a mudança que queremos ver no mundo.

Gandhi

A caminhada seria longa. Era uma marcha de protesto contra a dominação inglesa. A multidão aumentava a cada povoado e estavam presentes os carentes e aqueles que também queriam denunciar seu inconformismo. Era uma luta de quilômetros, força coletiva, ideais e corações. Era uma marcha de fé e de passos cansados.

O sal estava em questão. O preço do sal representava o símbolo de tudo o que era exorbitante, aos olhos da Índia dominada e pobre. A marcha estava programada para atravessar tão longo percurso e terminar na areia da praia onde o sal, brilhante e claro, se exibiria na sua plenitude como dádiva dos céus, ofertada a todos os povos. De graça!

Gandhi assumia o papel de estrategista e inspirador. Mais uma vez ele mostrou suas competências de líder respeitado e sábio: foco, planejamento, perseverança, consistência.

Após dias e noites, a marcha chegava próximo ao fim. Na beira do mar se encerraria.

Era noite ainda e foi dada voz de descansar. Seria montado o acampamento, pela última vez antes da chegada.

Pela pequena distância entre esse local e a praia, propôs-se a Gandhi que a caminhada se estendesse mais um pouco; o cansaço estava presente, mas logo todos descansariam com o sentimento de dever cumprido.

Gandhi não acolheu a proposta e as barracas foram montadas.

Gandhi sabia que da marcha participavam fotógrafos e cinegrafistas do mundo todo. A longa e anunciada caminhada tinha dado tempo para a chegada desses propagadores de imagens e de palavras, de papel tão relevante em momentos de impacto e mobilização. A ideia era que o mundo se voltasse para a Índia e se comovesse com sua marcha e sua voz.

Gandhi tinha uma estratégia e se mostrou sensível e preparado. Ele sabia que as melhores fotos e filmagens aconteceriam à luz da manhã, na areia branca da praia.

Provavelmente ele não dormiu naquela noite; provavelmente muitos outros aguardaram com os sentidos despertos e a esperança falando alto, no peito. Espera atenta.

No momento certo, foram chamados a se colocar novamente em formação. Estava escuro e a tensão se mostrava assim mesmo.

Caminharam juntos para encontrar a madrugada já com barulho do mar.

E, em bandos, com roupas claras e olhar aberto, pisaram na areia branca da praia aos primeiros raios do sol.

Brilhavam os raios, os olhos e as máquinas gravando a cena.

Rapidamente o mundo viu que o sal era de graça e que os caminhantes tinham deixado a sua marca.

Provavelmente nesse instante, Gandhi sorriu discreto. Provavelmente nesse momento, ele rezou.

Histórias como essas se tornam lendas. E precisamos de inspiração.

Talvez o mundo corporativo não seja tão complicado quanto o vemos muitas vezes. É possível que as marchas tenham praias pela frente, luz do sol nas madrugadas e cinegrafistas no aguardo das nossas melhores imagens.

É preciso empreender a marcha e saber o ponto certo de pisar na areia.

Liderança Exige Autoconhecimento

Estilos de Liderança são comportamentos tais como a forma de compartilhar a visão de futuro, pedir sugestões, acolher quando necessário, mandar fazer.

A sabedoria da Liderança é utilizá-los planejadamente, antecipando impactos e construindo um caminho cultural pré-definido. Adequar o uso de determinado Estilo para uma situação específica é uma questão tática. Manter uma prática sustentada de Estilos de Liderança específicos para trabalhar mudança de Cultura é uma questão estratégica.

Os Estilos de conforto de uma pessoa – aqueles que ela usa de forma espontânea – dependem essencialmente de suas competências pessoais. Os Estilos que ela busca utilizar – e para tanto, se esforça – dependem da sua leitura sobre as demandas do ambiente e do legado que ela pretende deixar. Estilos podem ser aprendidos e seu uso, portanto, é uma escolha.

Como competências pessoais – e seus impactos no uso de Estilos de Liderança – consideramos:

- Conhecimentos: conjunto de informações, dados. Esse conjunto pode se reconfigurar, a cada momento, porque estamos em constante aprendizado e também porque perdemos memórias;

- Habilidades: uso prático do conhecimento. O domínio de uma habilidade é mais estável do que o do Conhecimento; quando aprendida, uma habilidade se sustenta por um tempo, mesmo quando não exercitada;

- Valores: preferências aprendidas, fontes de inspiração. Os Valores pessoais são formatados desde a infância e se ampliam durante as diferentes fases

da vida. Os Valores são difíceis de serem substituídos, desrespeitados;
- Traços de Personalidade: características pessoais arraigadas, pouco flexíveis. Os Traços têm forte impacto no comportamento, a não ser que se aprenda a gerenciá-los através da conquista de novas habilidades como, por exemplo, contar até dez antes de responder por impulsividade;
- Motivação: fonte de prazer. A natureza motivacional de uma pessoa tem impacto sustentado no seu comportamento e, especialmente por isso, precisa ser conhecida, entendida. Possivelmente é a característica mais estável no ser humano, ao longo da vida; não se reconfigura. Faz parte da essência de cada um, da sua identidade.

A Ilustração 7 apresenta as competências como camadas. As camadas mais superficiais são mais voláteis e as mais internas, mais estáveis. Valores, Traços e Motivação têm impacto mais significativo no comportamento das pessoas e, portanto, nos seus Estilos de Liderança.

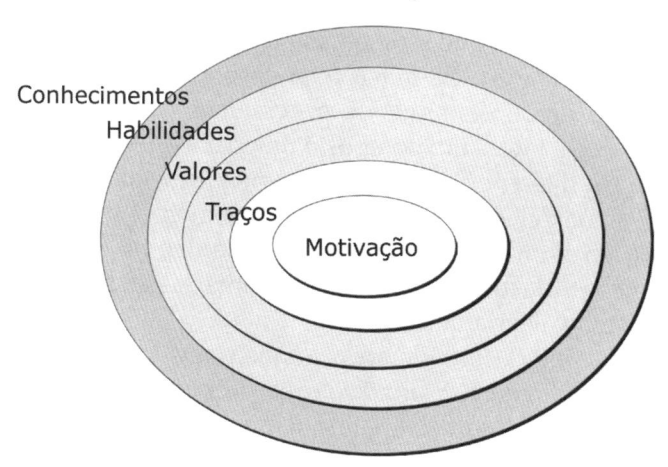

Ilustração 7 – Camadas de Competências

David McClelland – citado anteriormente no capítulo "Eu e a Cultura da Empresa" – desenvolveu seus estudos a partir de teorias clássicas de Motivação. Ele propõe três tipos motivacionais mais puros:

1. Realização *(achievement)*: interesse contínuo por superação, desafio, conquista de metas. A busca para "chegar lá" é o combustível de pessoas com essa natureza motivacional. Quando falta essa perspectiva, é preciso identificar um novo foco de interesse, um novo desafio;
2. Afiliação: interesse contínuo por preservação de laços afetivos, aceitação. Receber afiliação ou demonstrar afiliação é um combustível, uma fonte de energia para as pessoas com essa natureza motivacional;
3. Influência: interesse contínuo por gerar impacto, abrir espaços de poder. Pessoas com essa natureza motivacional tendem a utilizar comportamentos que lhe possibilitem ficar em destaque, interferir, porque isso lhes confere satisfação.

Entenda-se que toda pessoa tem necessidade de espaços de realização, de afiliação e de poder. Contudo, cada uma tem diferentes graus de necessidade em cada dimensão, o que a leva a um composto único. É isso o que a caracteriza e a diferencia, tornando-a sempre especial.

Os Motivos pessoais exigem "alimentos" específicos que o ser humano tem obrigação de se dar, no dia a dia, e durante a vida toda para manter a chama acesa, a motivação presente, a alegria de viver.

A cadeira de Liderança implica necessariamente em poder e influência. É provável que o exercício da Liderança seja mais confortável para quem gosta, prioritariamente, de espaços de poder e influência. Ocupar essa cadeira será fonte de prazer.

Por outro lado, o Estilo de Liderança a ser adotado – o formato dessa Liderança – dependerá de outras competências pessoais (Traços, Valores, Habilidades, Conhecimentos) e também do contexto (ambiente paternalista, ou meritocrático, ou em transformação etc.).

Pessoas com Motivo de Realização ou Afiliação podem exercer eficazmente a Liderança ainda que tenham risco de sair buscando superar desafios sozinhos (Realização) ou se mostrar afetivo e condescendente em excesso (Afiliação). O autoconhecimento orientará o que fazer. Vamos considerar pelo menos duas alternativas eficazes de ação:

- Ganhar habilidades necessárias para não se cansar no exercício da Liderança, caso ele não lhe seja tão confortável (não lhe "alimenta a motivação");
- Garantir paralelamente "alimentos" para sua natureza motivacional, visando sustentar energia e disposição. Investir em atividades possíveis de serem praticadas ao mesmo tempo em que se exerce a liderança (conduzir um projeto pessoal desafiador, participar de encontros com grupos de amigos etc.).

> Investir na capacidade de Liderança e conquistar flexibilidade no uso de Estilos requer autoconhecimento, sabedoria para leitura de ambiente, visão estratégica para entendimento do ponto futuro e humildade para investir no aprendizado constante.
>
> Sábio é aquele que conhece a si próprio e o contexto. Ele conhece o que está dentro e o que está fora. E sabe fazer as melhores conexões.

MOTIVAÇÃO REVELADA NO PALCO

Era final de um projeto de Cultura e Liderança e acontecia um evento de comemoração e alívio.

Afinal, o esforço dos executivos envolvidos e de todos os consultores tinha sido considerável ao longo de dois anos de encontros, apresentações, discussões, lição de casa. O propósito do projeto era alinhamento de todo o time de Liderança a favor de novas práticas de gestão que caracterizassem uma Cultura de mais protagonismo e ousadia. O mercado exigia e a empresa reconheceu essa necessidade de mudança. O diagnóstico tinha sido validado já no início do trabalho e entendeu-se que seria preciso muito treino e energia para esculpir um novo padrão de comportamento nos líderes. Eles deveriam ser mais *coaches* e parceiros do desenvolvimento dos seus times. Muito menos autoritários e, por outro lado, muito menos protecionistas.

Pouco a pouco a dinâmica coletiva tinha caminhado, as equipes reconheciam e valorizavam mudanças nas diferentes áreas, estavam despontando símbolos de uma nova era: mais proximidade dos líderes, transformação de salas em espaços abertos, conversas participativas, maiores oportunidades de aprendizado no cotidiano do trabalho.

O tom do evento de encerramento disso tudo, portanto, era de satisfação.

No palco, o *board* da empresa festejava as conquistas e agradecia aos líderes a adesão ao programa e as mudanças implantadas. Com certeza se parabenizava também por ter acreditado que a mudança era possível, ter feito o investimento que fez, ter participado do processo de aprendizagem e conseguido mudanças no próprio estilo de gestão, de forma coerente com os pressupostos do projeto.

Nesse contexto foi chamado um dos consultores para uma mensagem final.

Ele sobe ao palco devagar e traz, com emoção, uma mensagem de sabedoria. Ele fala, com graça e coerência, que paixão reside na impossibilidade e que quando se conquista o alvo do desejo já é hora de um novo alvo para manter a chama acesa. Ele diz que isso sempre é possível no campo profissional porque tal busca e renovação têm lugar garantido nas organizações. Já na vida afetiva, cabe à paixão dar lugar ao amor.

O público fica atento e ele continua. Diz que quando ele tem um livro a escrever, a paixão está presente. Na construção, a motivação continua. Nas revisões para fechamento do livro, essa pode já tê-lo abandonado. Será preciso que outro livro seja pensado para que a motivação novamente se apresente, seja exigente, leve novamente à busca.

Ele falava do desafio. Ele revelava, no palco, a todos, que sua natureza motivacional é voltada a buscar desafios sucessivos para estar assim bem alimentada. Ele caminha para os 80 anos. E se alimenta de desafios, com disposição. Faz da sua vida uma sequência de objetivos e conquistas.

Eu conhecia do palco e da plateia, muitos dos presentes. Alguns em profundidade, em função da convivência durante todo o projeto. Pensei em certos nomes, em especial, para quem provavelmente desafios sucessivos e contínuos não sustentariam energia, vibração, interesse pela vida e pelo trabalho.

Conforme comentado anteriormente, entende-se que a natureza motivacional de cada pessoa é específica, exigindo doses personalizadas de uma composição de desafio, de afeto e de poder de influência. Essas três dimensões tratam-se, sem dúvida, de necessidades humanas universais, mas o que é curioso é que o percentual do que cada um precisa nas doses diárias da vida pode ser completamente diferente do que outras pessoas precisam. E o que surpreende mais é que tal "coquetel" personalizado provavelmente se mantenha o mesmo, ao longo da vida daquela pessoa.

O Motivo mais forte de cada profissional precisa ser respeitado. E, especialmente a ele próprio, cabe buscar um estilo de atuação que lhe propicie esse alimento na dose certa, todos os dias. Na ausência dele, o motor para a vida desacelera.

Aos líderes – cuja nobre missão é desenvolver pessoas – cabe a responsabilidade de entender as diferenças individuais de motivação de cada liderado e gerenciar de acordo com elas. Não se trata de tentar imprimir seus próprios Motivos aos demais, mas de criar espaços onde todos possam usufruir daquilo que necessitam para manter interesse contínuo e paixão na vida profissional.

São necessários espaços organizacionais que componham desafios factíveis (se inviáveis não são desafios), acolhimento pessoal (especialmente para quem tem necessidade de afiliação) e oportunidades de exercício de influência (para aqueles de natureza motivacional voltada para influência e poder). E, acima de tudo, espera-se que as pessoas possam ter oportunidade de circular nesses espaços, com certa folga para fazer escolhas na forma de trabalhar, levando para si aquilo que tanto necessitam experimentar, na dose certa, todos os dias.

As empresas cobram atuação inteligente e entrega de qualidade. Portanto, elas devem oferecer reciprocidade, de forma personalizada e respeitosa. Afinal, não é ético tirar das pessoas a oportunidade de viverem apaixonadas.

É preciso disponibilizar combustível para manter a chama acesa, especialmente em longos processos de transição cultural.

É preciso disponibilizar combustível que faça sentido para as pessoas e assim se garantir clima interno positivo e estimulante.

Essa proposta não tem romantismo. É sensata e honesta.

Especialmente na era das conexões e da competitividade, não cabe espaço para desperdício de energia dos profissionais ou perda de talentos.

É preciso ser ambicioso para mudar o mundo e é com esperança que se olhe os desafios de hoje. Eles abrem possibilidades para relações de trabalho mais equilibradas, mais prazerosas e mais produtivas, ainda que se tenha muito a conquistar nessa direção.

8 Estilos de Liderança

Nossa experiência profissional na consultoria possibilitou o desenvolvimento de uma abordagem de Estilos de Liderança a partir da estrutura básica de McClelland.

Essa classificação assumiu oito possibilidades de práticas, suas associações com Motivos e seus impactos específicos nas equipes e nos processos de transição cultural.

Optamos por eleger a figura de uma Roda para mostrar essa classificação porque ela representa movimento e uma proposta de ir em frente.

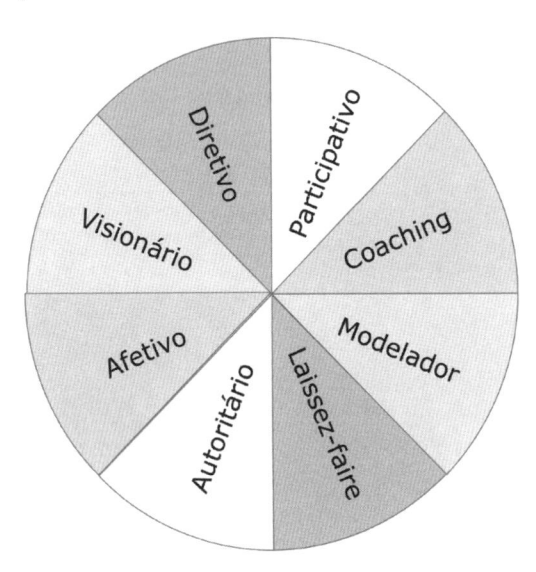

Ilustração 8 – Estilos de Liderança

Vamos detalhar cada um dos Estilos com sua caracterização, crença básica, limitações e possibilidades. Lembrar que eles são comportamentos com impactos específicos e oportunidades de revisão.

Afetivo	1. Privilegia o apoio a Pessoas. Normalmente mais associado ao Motivo de Afiliação. 2. Crença: o bem-estar de cada pessoa no ambiente de trabalho é a responsabilidade primeira da liderança. 3. Pode comprometer resultado; não constrói time (falta de direção comum); não desenvolve pessoas porque trabalha somente com *feedback* positivo. Reforça Cultura coletivista (não discrimina contribuições individuais). 4. Necessário em momentos específicos e pontuais (decepções na equipe, perdas) ou para alimentar a motivação de pessoas com alta necessidade de Afiliação.
Autoritário	1. Mandatório, calcado na relação de poder unilateral. Mais identificado com motivação para Influência e presença do Valor "eu é que mando". 2. Crença: o caminho mais rápido para obtenção de resultados é conquistar obediência imediata. 3. Tende a não favorecer o resultado sustentado sem a presença do líder; não gera comprometimento e desenvolvimento de pessoas. É símbolo de Cultura de alta distância do poder e baixo protagonismo. 4. Pode fazer resultado imediato pelo mando. Pode ser útil em situações pontuais.
Coaching	1. Voltado para estimular as pessoas a se desenvolverem e buscar situações de aprendizagem, no dia a dia de trabalho. É uma postura de influência, estímulo e desafio ao crescimento permanente. 2. Crença: as pessoas se desenvolvem e o papel do líder é despertá-las para o autodesenvolvimento, não só na função mas na vida. 3. Pode distanciar da busca de resultados imediatos. 4. É relevante na construção de novo ambiente cultural porque abre espaços para questionamento e renovação.

Continua na próxima página

Diretivo	1. Mobiliza as pessoas em uma direção comum dando clareza quanto ao que é esperado. Pressupõe uma relação de clara influência, durante todo o processo; pressupõe também monitoramento para manter o rumo e o ritmo. 2. Crença: o papel do líder é alinhar esforços para objetivos comuns. 3. Compromete resultado se a direção escolhida for inadequada. 4. Essencial para orientar os caminhos em processos de transição ou integração cultural.
Laissez-faire	1. Ausência da atuação gerencial. Gera sentimento de abandono nas pessoas. 2. É a não intervenção do gestor por desmotivação, insegurança, despreparo, interesses paralelos, falta de tempo. Não confundir com o afastamento planejado visando desenvolvimento do time. 3. Ineficaz especialmente em contextos de necessidade de mudança cultural. Não gera comprometimento e não forma time. 4. Eventualmente pode dar espaço para o surgimento de outras lideranças, mas isso não necessariamente e não é o propósito.
Participativo	1. Estimula e propicia a participação das pessoas na tomada de decisão. Sinaliza baixa distância do poder. 2. Crença: as pessoas têm com o que contribuir e a melhor solução virá através das contribuições compartilhadas. 3. Pode comprometer prazo ou trabalhar com soluções inadequadas caso a equipe não esteja preparada para contribuir. 4. Favorece uma Cultura de responsabilização e tende a gerar decisões de mais qualidade porque são considerados vários pontos de vista.

Continua na próxima página

Modelador	1. Estilo voltado à busca de excelência e rigor a um padrão definido. Normalmente associado a Motivo de Realização (o líder é rigoroso consigo e com os outros). 2. Crença: o líder é que sabe como fazer e sua maneira de fazer é a melhor para o alcance dos resultados; é melhor não correr risco. 3. Tende a restringir a criatividade das pessoas e as alternativas de solução. Em questões culturais, dificulta a conquista de uma Cultura de responsabilização individual (protagonismo) porque dá pouco espaço para as pessoas; tende a manter alto o controle da incerteza. 4. Pode ser muito necessário para elevar o patamar de exigência no trabalho e rigor com a qualidade das entregas.
Visionário	1. Cria dimensões futuras, de forma atraente (as pessoas reconhecem isso). É inspirador. 2. Crença: o futuro é que dá sentido à ação presente e ele precisa ser compartilhado. 3. Pode comprometer resultados de curto prazo ou mesmo distanciar-se das expectativas de grupos mais ligados a atividades concretas ou imediatas. 4. É fundamental em transição cultural onde uma nova visão precisa ser trabalhada.

Continua na próxima página

Nos processos de transição é preciso garantir líderes Visionários que assegurem uma visão de futuro estimulante e reconfortante: 'o que se ganhará com todo o esforço de mudança?'. É preciso líderes que genuinamente acreditem em uma Causa que os suportem pessoalmente e os ajudem a inspirar os profissionais em geral, para os esforços de renovação.

A prática do Estilo Visionário não exige necessariamente conteúdo aprofundado a respeito do futuro, mas o suficiente para que os interlocutores assumam que faz sentido investir energia a favor da construção proposta.

Mas o uso do Estilo Visionário, isoladamente, não se sustenta. É preciso praticar, no paralelo, o Diretivo alinhando critérios, orientando caminhos, monitorando o processo para dar segurança especialmente nas primeiras etapas do processo, onde os ensaios na direção da Cultura desejada são isolados e onde o retrocesso à Cultura atual pode ocorrer rapidamente. O Estilo Diretivo consegue sustentar disciplina na caminhada.

A composição Visionário-Diretivo é crítica e muito das "Experiências" para mudança de crenças são trabalhadas com esses Estilos.

Em um *case* bem sucedido de PCL que coordenei em uma empresa de grande porte e descentralizada, a principal referência de rumo foi assegurada, durante três anos, pela figura do seu principal executivo: Visionário carismático e Diretivo incansável e consistente. Esses são Estilos que precisam ser revelados, no comportamento dos principais líderes da empresa em mudança, o mais rapidamente possível para sustentar a evolução.

Caso não se consiga a prática integrada Visionário--Diretivo nos mesmos executivos, a alternativa é garantir líderes Visionários e líderes Diretivos, apresentando-se em conjunto, de forma integrada. O impacto pode ser também muito positivo.

O Estilo *Coaching* também se mostrará crítico, na sequência. Afinal, conquistar uma nova dinâmica organizacional, uma nova Cultura, exigirá espaço contínuo para aprendizagem e renovação das competências, o que é a contribuição maior do *Coaching*.

O Participativo também tem valor na evolução porque favorece a ampliação de compromissos conjuntos e possibilidades de conquistar um novo patamar de resultado.

O Modelador tem contribuição rica em cenários que exijam rigor e disciplina. No entanto, perde ponto no que diz respeito a propiciar espaço de experimentação e desenvolvimento de pessoas.

Podemos considerar ainda composições de Estilos de Liderança e seus impactos como mostra a Ilustração 9. Nela o *Laissez-faire* foi desconsiderado e o Autoritário aparece em duas composições.

Resultado sustentado e clima positivo

Líder de Mudança — Diretivo / Visionário

Líder Formador — Participativo / Coaching

Líder Paternalista — Afetivo / Autoritário

Líder Controlador — Autoritário / Modelador

Impacto negativo no clima
Baixo desempenho ou resultado de curto prazo

Ilustração 9 – Composição de Estilos de Liderança

> O comportamento do líder pode ser delegado à espontaneidade quando já conquistamos habilidade e sabedoria para o exercício da liderança. Até esse estágio é preciso percepção apurada de ambiente e treino para as atuações mais produtivas no que se refere a clima interno, desenvolvimento de time, construção de Cultura e resultado.

O Visionário e o Coaching

Uma cena me chamou atenção especial no filme "O Discurso do Rei" de 2010, dirigido por Tom Hooper e estrelado por Colin Firth.

Nessa cena, George VI – na década de 30 – diz que tradicionalmente só se esperava de um rei que ele se portasse bem e que não caísse do cavalo; no entanto, "agora ele entra nos lares das pessoas (discursos pelo rádio) e dele se espera que seja um ator" preparado para o uso da influência.

É isso mesmo. É a hora e a vez da liderança estratégica cuja fala precisa ser estudada cuidadosamente.

Veja, a seguir, dicas sobre o discurso em dois diferentes Estilos de Liderança, ambos com alto impacto no desempenho dos times e na transição cultural: Visionário e *Coaching*.

Pela minha experiência, eu os assumo como os mais difíceis de serem aprendidos.

Visionário

Se você quer construir um barco, não comece procurando madeira, cortando tábuas ou dividindo o trabalho, mas trate primeiro de evocar nos homens o desejo do mar.

Antoine de Saint-Exupéry

O Visionário coloca ênfase na mudança e mostra cenários futuros que as pessoas consideram factíveis e atraentes.

O Líder Visionário inspira a ação das pessoas porque ele traz significado para elas e não somente para a empresa. Ele tem a capacidade de transformar o futuro em uma causa que vale a pena, ainda que existam "pedras no caminho".

Não necessariamente estamos falando de líderes com informação privilegiada e precisão quanto aos cenários futuros.

Como diz o jornalista brasileiro Pompeu de Toledo sobre um visionário: "ele tem uma visão do rumo da história capaz de contaminar os liderados".

Exemplo de linguagem visionária: "Estamos construindo uma empresa referência no mercado onde cada uma das pessoas aqui reunidas se sentirá orgulhosa de ter participado dessa construção e será valorizada, interna e externamente, por ter vivido essa experiência".

Por tudo isso, a prática do Estilo Visionário exige conhecimento das expectativas e das motivações das pessoas para poder usar esses direcionadores ao longo do discurso.

A prática visionária exige também que o líder genuinamente acredite que a construção conjunta pode levar a um lugar melhor para todos. Só então o seu discurso fará sentido.

Coaching

Trate as pessoas como se elas fossem o que poderiam ser e você as ajudará a se tornarem aquilo que elas são capazes de ser.

Johann Goethe

O discurso do *coach* é de alto impacto no desenvolvimento das pessoas. Ele é provocativo e apoiador.

A técnica mais usual do Estilo *Coaching* é questionar. Com essa provocação bem estruturada, o interlocutor vai buscando alternativas e ampliando o pensamento.

O líder *Coaching* procura não responder, mas levar à reflexão devolvendo as perguntas. O impacto é uma equipe que evolui, se renova e "aprende a pescar" porque não recebe o peixe de graça.

Conta a história que o filósofo Sócrates gerava esse tipo de diálogo nas praças por onde andava e quando perguntada a sua profissão teria dito: "É a mesma da minha mãe". "Mas ela é parteira!". "Eu também; eu sou parteiro de ideias".

Exemplos de frases típicas na prática do *Coaching*: "Qual a sua opinião? O que você faria diferente? Qual é a alternativa? O que você aprendeu com isso?".

Ilustração: "Cada vez que eu lhe fazia uma pergunta, a magnífica mestra, em vez de responder, mostrava o caminho que eu devia seguir para encontrar a resposta. Ensinou-me, assim, a ordenar o pensamento, investigar, ler e ouvir, buscar alternativas, resolver antigos problemas mediante soluções novas, discutir com lógica. Ensinou-me, sobretudo, a não acreditar cegamente, a duvidar e perguntar, mesmo acerca daquilo que parecesse uma verdade irrefutável..." – romance "Retrato em Sépia", de Isabel Allende, escritora peruana naturalizada chilena.

> Estilos de Liderança são ferramentas. Cada uma tem um formato e um impacto específico.
> Selecione com carinho sua atuação na empresa. E ensaie na frente do espelho, se preciso for.
> O retorno virá em forma de satisfação pessoal, time preparado e conquistas.
> Vamos praticar?

Estilos na Prática: Estudo de 10 Anos

Visando oferecer aos líderes oportunidades de melhor entender sua prática de gestão e consequentes impactos na Cultura e nos resultados, a QuotaMais Consultoria desenvolveu um questionário que possibilita comparar autoavaliação em Estilos de Liderança e avaliação pela equipe.

O questionário apresenta diferentes situações, com alternativas de comportamentos a serem utilizados pelo líder. Propõe-se que o respondente atribua peso a cada uma dessas alternativas, identificando a frequência relativa com que esses comportamentos aparecem na prática, em situações similares. Os resultados estão associados aos diferentes Estilos de Liderança, possibilitando um gráfico que demonstra a intensidade de uso de cada Estilo (de 1 a 100), na percepção dos respondentes.

Segundo Lidia Zorzi – profissional que fez o primeiro estudo com o banco de dados da QuotaMais Consultoria – "através da ferramenta, o gestor pode ter um melhor entendimento sobre o seu Estilo de Liderança e, principalmente, analisar os *gaps* entre as duas avaliações, aprendendo com o *feedback*. Em muitos casos, existe grande diferença entre a autopercepção e a avaliação pelos subordinados, mostrando que o dia a dia das relações não tem sido eficaz para compreendê-las".

Até 2012, a consultoria acumulou mais de dez mil avaliações de líderes de diferentes segmentos de mercado, o que traz possibilidades de análise de tendências e caminhos de desenvolvimento.

Banco de Dados

A análise evolutiva da autoavaliação no banco de dados da QuotaMais mostra que o Estilo Diretivo, na média, tem se mantido em primeiro lugar, na última década, e que o *Laissez-faire* aparece em último nesse *ranking*, ainda que haja diferenças individuais expressivas.

Vamos apresentar gráficos referentes ao período 2003 a 2012 mostrando a intensidade com que cada Estilo foi percebido. Destaque-se que esses dez anos se caracterizaram por mudanças expressivas nos desafios e na gestão das empresas e que os líderes foram exigidos a repensarem seus formatos comportamentais, nem sempre com sucesso. Constam do banco de dados, nesse período, 7.518 autoavaliações e 33.182 avaliações por outros profissionais (na grande maioria subordinados, mas eventualmente também pares e profissionais de outras áreas, com os quais há relação de orientação de trabalho ou coordenação de atividades).

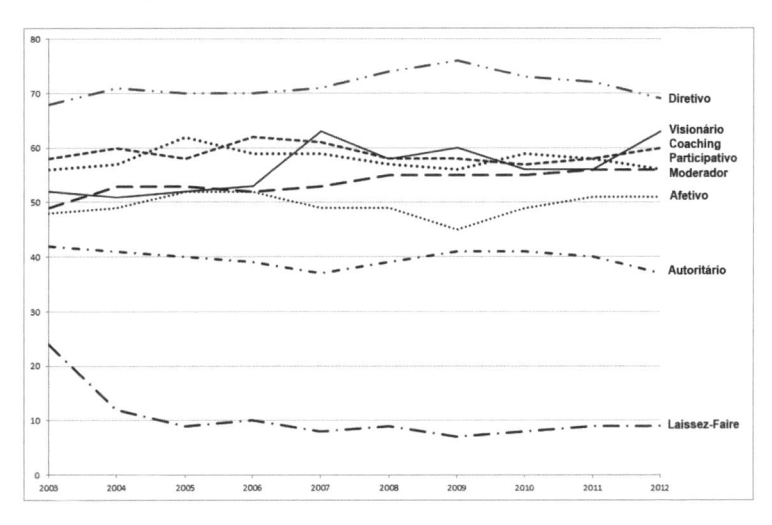

Ilustração 10 – Estilos de Liderança Autoavaliação

Analisando o comportamento da autoavaliação dos líderes no período, destaco algumas considerações interessantes a começar pela compreensão de que há quatro Estilos sustentando uma mesma posição relativa e outros competindo através dos anos.

Vejamos outros destaques da Ilustração 10:

1. O Estilo Diretivo sustentou praticamente a mesma média durante os 10 anos. O *Laissez-faire*, bastante abaixo dos demais, apresentou queda a partir de 2004; provavelmente tem havido pouco espaço para sua presença, no ambiente cada vez mais exigente das empresas;
2. Os Estilos *Coaching* e Participativo caminharam próximos, alternando-se na segunda e terceira posições, por vários anos. A partir de 2007, o Visionário passa a competir com esses. É provável que o contexto de mundo e os desafios empresariais estejam exigindo dos seus líderes uma visão de futuro clara e atraente que sustente a motivação e a energia dos grupos subordinados. Uma liderança calcada só no compromisso com o cotidiano provavelmente não dará conta das demandas do mercado;
3. No geral, os Estilos mais presentes no período apresentado são aqueles do quadrante superior da Roda de Estilos (Ilustração 8), com impacto interessante nos processos de transição cultural: Diretivo, *Coaching*, Participativo e Visionário;
4. O Modelador tem tendência positiva. A competição no mercado e a necessidade de diferenciação nas empresas pode abrir espaço para o Modelador pela régua de excelência que ele sustenta;
5. O Estilo Afetivo aparece logo abaixo dos citados e o Autoritário está menos presente, acima somente do *Laissez-faire*. Eles têm conotação mais facilmente associada à Cultura coletivista, normalmente questionada hoje em estudos de transição cultural.

É importante lembrar que essas considerações referem-se à autoavaliação, a qual pode refletir mais um desejo de atuar de determinada forma do que uma prática realmente demonstrada. Para avaliar o impacto da Liderança no Clima, na Cultura e nos resultados, a informação crítica é dada pelos liderados. São eles que recebem a ação da Liderança e, na linguagem dos Estilos, revelam o que está presente e o que não está presente em termos de espaço de participação, aprendizagem, clareza de direção, visão de futuro.

Para complementar a análise dos Estilos no período de 10 anos, vamos conhecer os resultados do banco de dados de heteroavaliação (respostas dadas pelos reportes diretos, na sua maioria). Observe-se que essas respostas não são identificadas de forma personalizada, sendo apresentada ao líder avaliado somente a média do seu time.

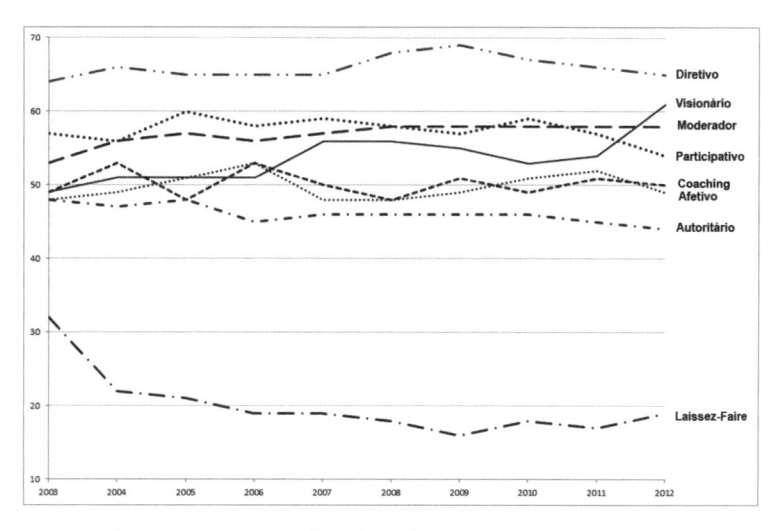

Ilustração 11 – Estilos de Liderança Heteroavaliação

Com relação à Ilustração 11, também quero compartilhar algumas considerações específicas, fazendo paralelos com o gráfico anterior:

1. Assim como na autoavaliação, o Estilo Diretivo foi o mais presente durante todo o período, enquanto o *Laissez-faire* obteve as menores médias;
2. O Modelador, em crescimento sustentado, disputa o segundo lugar com o Participativo, durante

todo o período, com exceção de 2012 quando o Visionário toma a dianteira (será preciso monitorar essa presença; pode ser pontual). Lembrar que o líder Modelador procura sustentar um nível de excelência segundo seus padrões, o que, não necessariamente, é o melhor padrão para os desafios do negócio;
3. Quanto ao Visionário, uma informação que não consta do gráfico é o fato desse Estilo se mostrar mais elevado nos níveis de Diretoria do que nos níveis gerenciais. Faz sentido, na medida em que cabe prioritariamente à Direção da empresa sustentar uma visão atraente de futuro, inclusive quando nenhum outro grupo o faça;
4. O *Coaching* compete com o Afetivo na heteroavaliação e bem abaixo da autopercepção dos líderes avaliados. As empresas clamam por times de alto desempenho, mas suas lideranças ainda não são percebidas com competências para garantir esse resultado;
5. O Estilo Autoritário ganha presença mais forte na heteroavaliação comparativamente à auto, embora se mantenha o penúltimo no *ranking*.

Na condução dos projetos de desenvolvimento de executivos, tive muitas oportunidades de aprofundar discussões sobre autopercepção no que se refere a comportamento. Muitas vezes ela está apoiada em uma autoimagem estabelecida anteriormente ("eu sou assim") e que não está atualizada considerando a atuação no momento. Outras vezes essa autopercepção é dada pelo desejo de "atuar assim", mas sem habilidade desenvolvida para possibilitar tal atuação.

Ao final desse capítulo, vou voltar a essas reflexões.

Principais Gaps

Vamos observar a média de auto e heteroavaliação, ano a ano, e os *gaps* entre elas, nas tabelas da Ilustração 12. Obs.: a média refere-se à média simples das avaliações do banco de dados. Ela representa percentualmente o número de vezes em que determinado Estilo foi priorizado nas respostas ao questionário comparado ao número total de vezes em que ele está representado no questionário.

Ano	Afetivo			Autoritário			Coaching			Diretivo		
	Auto	Hetero	Gap	Auto	Hetero	Gap	Auto	Hetero	Gap	Auto	Hetero	Gap
2003	48	48	0	42	48	-6	58	49	9	68	64	4
2004	49	49	0	41	47	-6	60	53	7	71	66	5
2005	52	51	1	40	48	-8	58	48	10	70	65	5
2006	52	53	-1	39	45	-6	62	53	9	70	65	5
2007	49	48	1	37	46	-9	61	50	11	71	65	6
2008	49	48	1	39	46	-7	58	48	10	74	68	6
2009	45	49	-4	41	46	-5	58	51	7	76	69	7
2010	49	51	-2	41	46	-5	57	49	8	73	67	6
2011	50	52	-2	40	45	-5	58	51	7	72	66	6
2012	51	49	2	37	44	-7	60	50	10	69	65	4

Ano	Laissez Faire			Modelador			Participativo			Visionário		
	Auto	Hetero	Gap	Auto	Hetero	Gap	Auto	Hetero	Gap	Auto	Hetero	Gap
2003	24	32	-8	49	53	-4	56	57	-1	52	49	3
2004	12	22	-10	53	56	-3	57	56	1	51	51	0
2005	9	21	-12	53	57	-4	62	60	2	52	51	1
2006	10	19	-9	52	56	-4	59	58	1	53	51	2
2007	8	19	-11	53	57	-4	59	59	0	63	56	7
2008	9	18	-9	55	58	-3	57	58	-1	58	56	2
2009	7	16	-9	55	58	-3	56	57	-1	60	55	5
2010	8	18	-10	55	58	-3	59	59	0	56	53	3
2011	9	17	-8	56	58	-2	58	57	1	56	54	2
2012	9	19	-10	56	58	-2	56	54	2	63	61	2

Ilustração 12 – Diferenças de Percepção na Prática de Estilos

Considerando os *gaps* da Ilustração 12, destaco algumas considerações entre a auto e a heteroavaliação:

1. Nos 2 perfis, o Diretivo aparece como o Estilo mais frequente e o *Laissez-faire*, o menos. No entanto, durante os 10 anos considerados no estudo, o líder se percebeu mais Diretivo e menos *Laissez-faire* do que mostra o resultado da heteroavaliação;

2. Os Estilos *Laissez-faire* e *Coaching* foram os que tiveram maior diferença de percepção entre a auto e a heteroavaliação;

3. Os líderes se acham *coaches* (foco no desenvolvimento), enquanto são vistos mais como Modeladores (foco na tarefa). É possível que essa inversão se dê pela ansiedade pelo resultado (o Modelador diz como fazer e até faz, se não tem resposta satisfatória) e pela crença de que "o outro aprende quando eu explico", o que não necessariamente é verdade. O trejeito do *Coaching* é provocativo para levar o outro a descobrir, a trazer alternativas;
4. Os Estilos com menores *gaps* são o Afetivo e o Participativo;
5. De modo geral, os líderes se percebem menos Autoritários e Modeladores do que são percebidos. Esses Estilos se assemelham no que diz respeito a reduzir distância do poder e abrir espaço de participação; trabalham com controle e baixa delegação. No entanto, são bem distintos um do outro em sua essência: Autoritário é mais alavancado pelo Motivo de Influência ou presença do Valor "bom chefe é o que manda"; Modelador é mais alavancado por Motivo de Realização e pelo Valor de "fazer as coisas bem feitas".

Hipóteses

O contexto empresarial – com seus desafios crescentes de superação e mudança – tem demandado líderes que inspirem e orientem a transição (Visionário e Diretivo), bem como Estilos formadores (*Coaching* e Participativo) para garantir uma geração profissional mais competente e uma operação mais eficiente, ágil e inovadora. Vide Ilustração 9 – Composição de Estilos de Liderança.

A exigência de trabalhar em interdependência – e ganhar agilidade nas soluções e nas entregas – levou o foco da gestão de pessoas a uma inversão de 180 graus que muitos profissionais não conseguem entender, aceitar ou simplesmente assumir por falta de repertório pessoal. Essa evolução passa do controle externo para o desenvolvimento interior:

1. Obediência para autodisciplina;
2. Lealdade para compromisso;
3. Responsabilidade dada para responsabilidade incorporada.

Viabilizar essa inversão exige abandonar o autoritarismo e investir em uma nova forma de liderança que acredita no desenvolvimento das pessoas, orienta novos caminhos e perspectivas, exercita paciência para lidar com a questão do ritmo de cada um, gerencia eficazmente a diversidade, generosamente apoia ante as dificuldades, tem humildade para rever pontos de vista e parabeniza conquistas ainda que parciais.

Percebe-se que muitos líderes hoje já se conscientizaram da importância de relações mais horizontalizadas e produtivas, ainda que se encontrem, nas Culturas coletivistas, crenças arraigadas sobre o líder como figura de poder unilateral.

De qualquer modo, conquistar a consciência é um estágio necessário e importante, mas mudança de comportamento leva mais tempo. É possível que a autopercepção no banco de dados de Estilos de Liderança reflita, muitas vezes, a consciência de que é preciso agir de outro modo e mesmo o esforço nesse sentido, ainda que o novo comportamento não tenha sido lapidado o suficiente para ser reconhecido pelas equipes.

Outra possibilidade é que essas equipes – acostumadas a um padrão estabelecido de liderança – não reconheçam, no curto prazo, uma mudança de patamar dos seus líderes mesmo quando esses já estão exercitando novos comportamentos. Há uma latência na questão de percepção. É preciso que o novo padrão seja sustentado no tempo, para então alterar a percepção estabelecida.

Considere-se ainda que as novas gerações profissionais tendem a se mostrar críticas e esperam maior velocidade nas mudanças. Isso as leva a valorizarem pouco os primeiros sinais de mudança de comportamento dos seus líderes na direção de mais delegação, participação nas decisões e aprendizado.

Essas novas gerações precisam lidar com frustrações e também desenvolverem competências exigidas no mundo das relações por rede, onde todos são líderes e liderados. Ao lado do desenvolvimento do raciocínio, da crítica e da agilidade é preciso ampliar a dimensão da ética, da convivência de desiguais.

> O mundo exige hoje, de uns e de outros, tudo o que favoreça uma relação em ambientes de interdependência e construção coletiva: aceitação, apoio mútuo e compromisso compartilhado.
> Isso nas organizações de trabalho.
> Isso nas relações humanas, em qualquer espaço e situação.

Estilos e Dimensões de Cultura

As empresas com desafio de transição cultural necessitam conhecer os Estilos dos seus líderes e apoiá-los na ampliação de repertório comportamental que favoreça evoluir da Cultura atual para a Cultura desejada.

Essa afirmação leva de imediato a uma questão que tenho ouvido com frequência nos projetos: "Quais Estilos de Liderança estão mais identificados com a Cultura desejada na minha empresa?".

Essa compreensão é fundamental. Se os líderes não souberem a resposta, a mudança na empresa pode não acontecer ou caminhar em outra direção que não a desejada.

Desafios culturais podem ser superados com Estilos específicos ou composição de Estilos. Vamos analisar algumas possibilidades.

Redução de Distância do Poder

- Participativo: esse Estilo é um convite para que as pessoas participem das decisões e, portanto, se aproximem do poder de decidir, de construir, de influenciar;

- Diretivo: embora deixe claro quem está na direção, o líder Diretivo esclarece às pessoas a razão das decisões e, portanto, elas se sentem respeitadas, mais próximas, ouvidas;

- Afetivo: não necessariamente reduz a Distância do Poder porque não é uma comunicação que "eleve" as pessoas ao nível das decisões (e, portanto, do poder).

Aumento do Protagonismo

- Participativo: é um convite à contribuição, à iniciativa. Favorece a responsabilização individual;
- *Coaching*: estimula o desenvolvimento e o protagonismo; dá mais segurança para as pessoas ousarem, ir além;
- Diretivo: dá a direção e deixa espaço para as equipes criarem, inovarem;
- Visionário: estimula o desejo de atuar, interferir, conquistar, ir além. Inspira as pessoas para a conquista de um futuro interessante;
- Modelador: limita o protagonismo; centraliza o poder. Pode estimular pessoas de *achievement* e aquelas para quem esse líder é referência;
- *Laissez-faire*: não estimula protagonismo algum.

Redução da Masculinidade

- Participativo: acolhe contribuições e as pessoas sentem uma gestão mais "feminina", respeitosa, compartilhada;
- *Coaching*: estimula o crescimento das pessoas e elas se sentem valorizadas, consideradas;
- Afetivo: demonstra sensibilidade para expectativas e interesses das pessoas;
- Autoritário e Modelador: trabalham fortemente a favor da Masculinidade.

Aumento do Controle da Incerteza

- Diretivo: alinha a direção, explicita os critérios e se assegura de que todos estão alinhados. Depois monitora o processo dando *feedback* de reforço e de redirecionamento. Mantém certo Controle da Incerteza, mas não de forma restritiva como o Modelador,

- Modelador: busca reduzir a incerteza controlando o processo (pode controlar bem ou de forma ineficiente; o que importa aqui é a percepção que gera de pouco espaço para risco);

- *Coaching*: desenvolve as pessoas, contribuindo para desempenho superior. Em uma visão restrita, pode se perceber aumento do risco (dá muito espaço para experimentação); em uma visão alargada, se percebe que a empresa controlará melhor os seus riscos porque contará com profissionais mais preparados.

Outra questão que se coloca com frequência na discussão de Cultura diz respeito a Estilos de Liderança prioritários para acelerar o processo de transição.

Considerando que, de um modo geral, as empresas revelam forte necessidade de transformação (sinal dos tempos), é preciso priorizar a composição do Líder de Mudança que é composto pelo Diretivo (dá direção, critérios, ritmo) e pelo Visionário (explicita o que se ganhará com esse processo).

Diretivo e Visionário serão sempre necessários para a transição, independente da direção pretendida. Eles são Estilos que imprimem movimento.

As empresas hoje precisam desses Estilos aplicados de forma obsessiva para garantir compromisso, ritmo e disciplina no processo de mudança.

Ações de Aprendizagem para Líderes

> *Quem é firme em seus propósitos molda o mundo a seu gosto.*
> Johann Goethe

Definido o novo patamar de resultado essencial para a empresa (R^2), a transição cultural a ser conduzida e os Estilos dos líderes envolvidos, é preciso investir na mudança de comportamento e em ações de impacto nas equipes e na organização como um todo.

Vamos ver exemplos de como promover ações de autodesenvolvimento que já tragam, em si, impactos positivos na gestão atual e na conquista da Cultura desejada.

Ampliar a presença de Estilos de interesse

Ampliar o leque de possibilidades comportamentais favorece a maestria da liderança.

Os Estilos mais demandados para desenvolvimento têm sido o Visionário, o Diretivo, o *Coaching* e o Participativo.

Uma alternativa de desenvolvimento é programar "Experiências" a serem implantadas no cotidiano do trabalho, onde se terá a oportunidade de utilizar um novo padrão de comportamento que reflita o Estilo de interesse. Estou considerando Experiência como um exercício de influência planejado para reverter uma crença instalada.

É preciso ter indicadores de desempenho desse exercício para depois avaliar a aplicação e o que ela trouxe em termos de aprendizagem.

A repetição desses exercícios, sempre com planejamento e com avaliação do impacto, leva à conquista da habilidade e à familiarização com o novo formato comportamental. A partir daí, o Estilo passa a ser de conforto.

Mas como educação de adulto exige treino! E muito treino. O caminho do desenvolvimento pede boa vontade, persistência e tempo. Não tem mágica.

A boa notícia é que não é preciso percorrer esse caminho sozinho. A rede de apoio que é possível construir na empresa é de valia. No coletivo se encontrará pessoas que podem ser referências dos comportamentos desejados. Outras podem ser convidadas para ajudar no planejamento das Experiências, participar da avaliação do impacto dando *feedbacks* que favoreçam o desenvolvimento, ou ainda dar apoio no caso de frustrações e necessidade de recomeçar.

A complexidade das empresas não pode ser inibidora. Ela tem que ser reconhecida como rede de possibilidades e de crescimento.

Reduzir/eliminar a presença de determinados Estilos

É difícil estruturar um plano de ação para reduzir um comportamento usual indesejado porque o hábito vai levá-lo a se repetir. Minha proposta é que se estruture um plano para ampliar comportamentos antagônicos.

Exemplo: para reduzir o Autoritário a recomendação é planejar exercícios de Participativo; para reduzir *Laissez-faire* é possível planejar exercícios de Diretivo. Podemos mapear os comportamentos típicos desses Estilos de interesse e ir, passo a passo, reproduzindo esses novos padrões e deixando menos espaço para os comportamentos não priorizados.

Outro recurso interessante é fazer uma "reescrita" do Estilo de conforto que precisa ser eliminado ou minimizado.

Exemplo: para reduzir Afetivo, é interessante explorar a evolução dos comportamentos típicos desse Estilo para comportamentos de Participativo. Esses dois Estilos provavelmente estão alicerçados na mesma base motivacional (Afiliação) e em alguns Valores similares (proximidade, valorização do outro). No entanto, eles têm focos diferentes: no Afetivo o foco é a pessoa; no Participativo o foco é o trabalho conjunto.

Nessa mesma linha, para reduzir o Estilo Autoritário (uso de influência unilateral), propõe-se exercitar o Diretivo (mantém a posição clara de influência, mas compartilha as razões das decisões, acolhe dúvidas).

Reduzir Distância do Poder

Para se distanciar de Cultura centralizadora, é preciso exercitar Estilos de Liderança caracterizados por proximidade com as equipes.

Nesse sentido, o Estilo Participativo é o mais emblemático. O Afetivo também trabalha proximidade, mas pode reforçar uma Cultura coletivista, protecionista.

A proximidade – no sentido de redução de Distância do Poder – exige comunicação de mão dupla, espaço de participação nas decisões, valorização da contribuição das pessoas.

É importante lembrar que toda proposta de mudança cultural, em qualquer das dimensões de análise, passará por revisão dos Estilos de Liderança da Comunidade de Líderes, de forma evolutiva, sistemática e transformadora. Cada líder fará a sua parte, mas terá que assumir compromissos de apoiar o todo.

Pesquisar a Natureza Motivacional do Time (subordinados e/ou pares)

Considerando-se que Estilos de Liderança são táticas de influência, é importante preparar-se para o seu uso de maneira eficaz. Isso passa por conhecer o perfil dos interlocutores, inclusive motivacional, para melhor direcionar argumentos e garantir uma mensagem que faça sentido para as pessoas, que tenha ressonância.

O mapeamento da natureza motivacional pode ser conduzido utilizando a técnica de Entrevista de Eventos Críticos. Trata-se de um roteiro de investigação de histórico pessoal que acumula informações sobre o que é relevante para o entrevistado do ponto de vista de satisfação e fonte de prazer.

Questões inerentes a essa técnica: "Cite um momento da vida (um fato, uma cena) em que você se sentiu plenamente satisfeito, energizado (vida profissional, social ou familiar). Qual foi exatamente o seu sentimento nessa situação? O que estava presente na situação e que lhe fez se sentir tão energizado (qual foi o fator)?". A repetição desses ciclos de questões que separam Fato e Fator leva a um padrão de resposta que revela o "combustível" (Fator) que, estando na situação, estimula a motivação da pessoa. Esse "combustível" pode ser espaço de poder/influência, laços de afiliação, desafio. Lembrar David McClelland e os Motivos Sociais – citação no capítulo: "Liderança Exige Autoconhecimento".

Exercícios dessa natureza exigem planejamento e prática para não serem superficiais e levarem a conclusões inconsequentes. É fácil ser ingênuo na análise de pessoas, dada sua complexidade. Por outro lado, o dia a dia frequentemente nos oferece possibilidades de entender a natureza motivacional dos nossos interlocutores, se os observarmos com acolhimento, atenção e respeito. Por exemplo: quando se oferece "presentes motivacionais" (oportunidade de exposição, apoio, desafio) é preciso observar o impacto desses "presentes" nas pessoas: isso gerou satisfação genuína? Estimulou? Despertou interesse? As possíveis respostas são dicas sobre a natureza motivacional aí presente.

Conhecer o motivo mais forte de cada integrante do time é crítico para uma gestão eficaz, especialmente em momentos de mudança, onde a energia e o compromisso precisam estar mais presentes. Ajudar esses profissionais a reconhecer sua própria natureza motivacional é contribuição importante para que alavanquem o autoconhecimento e façam escolhas mais seletivas, na carreira e na vida.

Despertar motivação é arte e sabedoria. E passa pela humildade de se dedicar a conhecer as pessoas e suas necessidades específicas, vitais.

Gerenciar o Clima

Clima é o grau de satisfação dos profissionais ante a Cultura atual e as perspectivas de mudança. É uma variável a ser monitorada com critério e de forma sustentada, especialmente em processos de transição cultural.

Esse grau de satisfação mantém uma relação estreita com os Estilos de Liderança vigentes, dado que, em uma mesma empresa, com uma Cultura única, há variações de Clima nas diferentes áreas. Ainda que se considere que a natureza do trabalho e o momento das áreas impactem diferentemente o Clima, os estudos da QuotaMais Consultoria mostram forte correlação entre:

1. Insatisfação pela falta de direção e *Laissez-faire* alto;
2. Insatisfação pela falta de participação nas decisões e Autoritário alto;
3. Insatisfação pela falta de espaços de desenvolvimento e *Coaching* baixo.

O líder interessado em aprimorar sua prática de liderança e alocá-la na direção da Cultura desejada, deve aprofundar o entendimento do Clima da sua área, abrindo espaços de diálogo com as equipes de forma estruturada, sistemática e madura.

A familiaridade com esse conteúdo ampliará sensibilidade para rever Estilos e buscar novos formatos de liderar. A própria equipe pode ser fonte de estímulo e *feedback*.

Investir na Liderança Coletiva

Dada à complexidade dos ambientes corporativos e do mundo dos negócios, um recurso organizacional que precisa ser conquistado é a Liderança Coletiva.

É prioritário ampliar nos líderes, de forma generalizada, a competência Construção de Alianças e Parcerias. Sua presença revelará um patamar de maturidade que faz o diferencial da empresa: sinergia que garante agilidade, cooperação que leva a qualidade superior, confiança mútua que favorece inovação.

Podemos considerar alternativas diversas para o desenvolvimento dessa competência, tais com a criação de fóruns para discussão de temas de interesse com ênfase no aprendizado coletivo; planejamento de "Experiências" para reverter crenças de sucesso individual para ganho grupal; condução de projetos integrados com metas compartilhadas; encontros destinados a formação de time favorecendo a construção de confiança mútua.

Todas as alternativas de Ações de Aprendizagem podem fazer parte de programas institucionais ou de planos pessoais dos profissionais interessados em desenvolvimento e resultado.

> Em um processo de transição cultural, quando o ritmo de mudança é acelerado e não cabe desperdício de tempo, reforço a importância de trabalhar o coletivo e o individual.
> O Projeto Cultura e Liderança precisa contemplar a força de um movimento institucionalizado e o apoio ao refinamento individual de Estilos de interesse para o rumo da transição.
> São duas intervenções complementares e interdependentes; o conjunto é vitorioso.

Estilos são Exercícios de Influência

*A Influência pode ajudar qualquer pessoa
a dar o seu primeiro passo.
O que acontece depois pode ser realmente extraordinário.*

Michael Pantalon

Qualquer que seja o formato de comportamento de um líder, ele tem impacto positivo (estimula, apoia) ou negativo (intimida, bloqueia). Mesmo quando a atuação é de *Laissez-faire*, há impacto na equipe: gera desmotivação, desorientação, sentimento de abandono.

Assim, todo comportamento do líder é uma ação de influência e não é dada a ele a possibilidade de se omitir. A cadeira de Liderança é uma cadeira de poder e é responsabilidade do líder antecipar o impacto do seu comportamento e planejar estrategicamente o uso dos seus Estilos de Liderança.

No entanto, há profissionais que se ausentam da responsabilidade de influenciar e, portanto, de liderar.

Por quê?

Várias podem ser as barreiras ao uso de influência. Vejamos algumas delas que identifiquei nos trabalhos da consultoria:

- Baixa disposição para assumir riscos (melhor manter-se na zona de conforto);

- Preocupação em não desrespeitar hierarquias e invadir o espaço de outras áreas (pode não ser bem aceito, gerar conflito);

- Interpretação errônea quanto ao conceito de Influência (acredita que é manipulação ou desejo de "aparecer");

- Falta de repertório e/ou de referências para o uso de influência (não sabe como fazer).

Em qualquer dessas alternativas, valem ações de desenvolvimento revertendo crenças arraigadas e conquistando habilidades de interferir, posicionar-se, mobilizar, provocar, estimular, desafiar, despertar interesse, inspirar possibilidades.

O líder tem a responsabilidade de não somente "ganhar gosto" pelo exercício da influência, mas também de treinar sua sensibilidade e suas emoções para utilizar formas eficazes de gerar o impacto que ele pretende, no desenvolvimento das pessoas, no Clima, na Cultura e nos resultados.

É esse requinte que diferencia o profissional omisso do líder; o influenciador irresponsável do influenciador estratégico.

Relacionamos no quadro a seguir táticas conhecidas de Influência, sem juízo de valor a respeito da sua adequação no meio corporativo.

Tática	Caracterização
1. Afetividade	Proteger e apoiar para manter o vínculo
2. Aliança	Destacar interesses comuns e construir compromissos mútuos
3. Assertividade	Declarar a intenção e a expectativa de maneira direta e eficaz
4. Autoridade	Usar a posição (o crachá) para fazer valer sua determinação
5. Desafio	Apresentar oportunidade de superação e estimular a conquista
6. Inspiração	Compartilhar visão otimista para estimular comportamento
7. Racionalidade	Usar dados e fatos para sustentar argumentação lógica
8. Sanção	Usar punição para garantir adesão
9. Valorização	Destacar imagem ou realizações da pessoa para mobilizá-la

Todo Estilo de Liderança é uma forma de influência.
Veja as táticas mais relacionadas a cada um deles.

Estilo	Caracterização	Tática
1. Afetivo	Privilegia a relação pessoal	Afetividade
2. Autoritário	Calcado na relação de poder unilateral	Autoridade, Sanção
3. Coaching	Focado no desenvolvimento	Desafio, Valorização
4. Diretivo	Focado no rumo e no ritmo	Assertividade
5. Laissez-faire	Ausência de posicionamento	-
6. Modelador	Busca excelência e rigor ao padrão	Racionalidade
7. Participativo	Acredita na construção coletiva	Aliança
8. Visionário	Focado no ponto de chegada	Inspiração

Líder é figura pública e tem impacto.
Que impacto você quer ter?

Coragem não é Ausência de Medo

Utilizar estrategicamente Estilos de Liderança exige maturidade, autoconhecimento, perseverança e tantas outras competências que levam as pessoas a se superarem e fazer a diferença.

Os grandes líderes mostram-se estrategistas mesmo em situações de crise. Com certeza, eles têm uma Causa que os sustenta, além de competências pessoais diferenciadas.

O texto, a seguir, é uma ilustração de liderança estratégica e uma beleza em termos de generosidade. É o uso do Visionário, sem uso de palavra alguma.

O texto foi extraído de "Mandela – Suas 8 Lições de Liderança", de Richard Stengel.

Vale a pena conferir.

"Em 1994, durante a campanha de eleição presidencial, Mandela entrou em um pequeno avião a hélice para voar até os campos de extermínio da província de Natal e fazer um discurso para seus partidários Zulu. Eu concordei em ir ao seu encontro no aeroporto, onde iríamos continuar o nosso trabalho depois de seu discurso.

Quando o avião estava a 20 minutos da aterrisagem, um dos motores falhou. Algumas pessoas no avião começaram a entrar em pânico. A única coisa que as acalmou foi olhar para Mandela, que silenciosamente lia o seu jornal, como se fosse um trabalhador viajando no seu trem matinal para o escritório.

O aeroporto se preparou para uma aterrisagem de emergência, e o piloto conseguiu pousar o avião com segurança. Quando Mandela e eu nos sentamos no banco traseiro do BMW blindado que nos levaria ao comício, ele virou-se para mim e disse: 'Homem, eu estava *apavorado* lá em cima!'.

Mandela teve medo frequentemente durante o seu tempo na clandestinidade, durante o julgamento em Rivonia que o levou à sua prisão, durante seu tempo em Robben Island. 'Claro que eu estava com medo!', ele me contou mais tarde. 'Teria sido irracional não estar'... E isso é precisamente o que ele aprendeu a fazer: disfarçar e, através do ato de aparecer sem medo, inspirar os outros. Era uma pantomima que Mandela representava em Robben Island, onde havia muito a temer. Prisioneiros que estavam com ele disseram que observar Mandela atravessar o pátio de cabeça erguida e com orgulho era suficiente para mantê-los seguindo em frente, por dias. Ele sabia que ele era um modelo para os outros e isso lhe deu força para triunfar sobre o próprio medo."

> Mercados turbulentos, crise econômica mundial, intervenções do governo, alterações de câmbio e inflação, ampliação de *players* no segmento de negócio, inovação trazida pela concorrência, infidelidade dos clientes, tributos elevados, desqualificação da mão de obra e outros tantos fatores fazem parte do cenário. São reais e trazem associados a eles a autoestima baixa, a ansiedade e o medo.
>
> O que é diferenciador é como se lida com isso e que impacto se quer deixar nas pessoas, nas empresas e nas histórias de vida.
>
> Eu pergunto a você leitor, como provocação, qual é a marca que você já imprimiu até aqui. E, continuando, que mudança importante você ainda vai liderar para contar um dia ao seu biógrafo, no interior de um carro, depois de uma tempestade no ar compartilhada com outras pessoas e um jornal do dia.

Nossa Proposta: uma Comunidade de Líderes

Temos visto o mundo crescer em complexidade e interdependência. O homem está perplexo diante de tantas mudanças, da velocidade em que elas ocorrem e dos desafios que são impostos.

Ele já não dá conta de dominar conhecimento, armazenar memórias, interferir em tendências e reinar sozinho. A Cultura do Herói ficou em crise.

A evolução necessária parecia simples: reduzir distância entre os níveis de poder e trabalhar em time.

Os líderes corporativos vieram buscando competências para gerenciar times e trabalhar de forma mais participativa. Ganharam técnicas e testaram coisas. Mas o desafio mudou de patamar: não mais só trabalho em time. Agora é preciso trabalhar em rede. É diferente.

Time é um conjunto de pessoas com competências complementares, alinhadas em uma mesma direção e voltadas para objetivos comuns.

Rede é um complexo de *stakeholders* com objetivos distintos, sem visibilidade do conjunto, e trabalhando em lugares e tempos diferentes.

Hoje as empresas têm que investir em uma estrutura de liderança forte e estar preparada para gerenciá-la, em ambiente de múltiplos vetores. Essa força virá da compreensão compartilhada de uma Causa que inspire o movimento coletivo e da construção de um amálgama de confiança mútua para acreditar, a qualquer tempo, que a ação de cada um dos envolvidos está voltada para o bem-comum e que todos ganharão com o sucesso coletivo.

"O melhor resultado virá quando todos do grupo fizerem o melhor para si e para o grupo", diz John Nash, o matemático, na sua Teoria do Equilíbrio. Eu reescreveria dessa maneira: o melhor resultado virá quando todos fizerem o melhor para si, para o grupo e para todas as inter-relações do grupo, dentro e fora da empresa.

É preciso formar uma Comunidade de Líderes que se sinta poderosa e que esteja preparada para influenciar todos os *stakeholders,* na direção do sucesso equilibrado. No trabalho em rede não cabem propósitos exclusivistas e falta de transparência.

Essa relação interdependente exige, cada vez mais, humildade, maturidade, respeito ao outro, doação e capacidade de influência.

Não se trata de fortalecer traços de coletivismo, onde os integrantes se fecham para proteção de seus membros e do seu poder. Esse caldo cultural sempre tem acima dele uma figura do "grande líder", a quem se pede proteção em troca de lealdade.

A proposta agora é outra. Trata-se de construir uma Comunidade que aprende junto, que se apoia e que compartilha seu sucesso com todos a sua volta. É a conquista de um espaço de troca das boas e das más notícias, para discussão de caminhos e de alternativas.

O que se pretende é uma ética da responsabilização individual pelo sucesso coletivo. É uma trajetória de influência mútua direcionada à aprendizagem de todos.

Os integrantes da Comunidade de Líderes têm um diálogo de possibilidades e de ousadia, uma postura de "vamos juntos" e não de "nós e eles"; uma prática de *feedback* que desenvolve as pessoas e de questionamento que estimula novas ideias.

A força de uma organização se avalia, em grande parte, pelo estágio de desenvolvimento da sua Comunidade de Liderança.

Ela será fraca se apoiada só no passado e na tradição. Ela será questionada se percebida como resistente e conservadora. Ela será pobre se conviver com feudos e disputas. Ela será frágil se sustentada somente por personalidades de quem se cobra atuação de "super-herói". No mundo atual, esse herói estará sempre pressionado porque limitado à sua própria condição de isolamento.

> Viver uma Comunidade de Liderança madura é uma experiência inesquecível, mesmo quando ela se desfaz, no tempo, em função de rupturas estratégicas como fusão de empresa, aquisição ou mudança acionária.
> Participar de uma Comunidade de Liderança é uma experiência que não se perde, porque quem já viveu, aprendeu que é possível.

6. Fogo, Água, Terra e Ar

CICLOS CONTÍNUOS DE DESENVOLVIMENTO

> *Nossa exploração será incessante*
> *E o final do nosso explorar*
> *Será chegar ao ponto de partida*
> *E ver o lugar pela primeira vez.*
> T. S. Elliot

Um processo de transição cultural precisa de um mapa para orientar e monitorar rumos e ritmos do conjunto e de cada etapa. Esse mapa ajudará os líderes a entenderem onde estão e o que fazer na sequência.

Toda a beleza da transformação de Cultura acontecerá na vida real, mas o mapa precisa ser inspirador para que haja disposição para a viagem.

É com essa proposta que trabalho uma metodologia de Ciclos de Desenvolvimento calcada nos elementos essenciais da natureza. Nada mais simples, eterno e universal:

1. Fogo – faísca que desperta interesses e possibilidades;
2. Água – mergulho no Conhecimento;
3. Terra – "pé no chão"; é o treino, as implementações;
4. Ar – síntese e difusão da aprendizagem.

Entendemos desenvolvimento, seja individual ou em grupo, como um processo de ampliação da consciência a respeito das próprias competências e seus impactos. Esse processo passa pelo desejo de ir além (fogo), pelas investidas em novos conhecimentos e perspectivas (água), pela disciplina da implantação (terra) e pelo estágio de nomear o que se aprendeu e difundir a outros essa conquista (ar).

Esse ciclo gera um movimento ascendente de crescimento, motivação e desempenho superior. Ele se repete sistematicamente; é mais espiral do que círculo. Em uma única sessão de *coaching* é possível passar pelo fogo, água, terra e ar. Um trabalho de construção de time pode ser estruturado para seguir essa sequência. Este livro também foi assim concebido e você vem percorrendo o ciclo através da leitura dos capítulos:

1. Fogo – "Reflexões sobre Transição Cultural";
2. Água – "Projeto de 2-3 Anos" e "Cultura Atual e Desejada";
3. Terra – "Implementar a Mudança" e "Liderança a Favor da Transição";
4. Ar – "Fogo, Água, Terra e Ar".

Um projeto de Cultura e Liderança contempla os 4 Elementos, no todo e em cada uma das partes, e é preciso reconhecer onde se está a cada momento e qual o próximo desafio. Isso ajudará a monitorar a caminhada e a escolher os instrumentos adequados para cada movimento.

Os elementos do ciclo de desenvolvimento têm conexões específicas com determinados Estilos de Liderança. Vamos explorar cada um deles.

- Fogo – é trabalhado pelo Estilo Visionário que mobiliza o desejo de um mundo melhor, de uma conquista maior, de superação. Ele "vende" um futuro que vale a pena e que valida todo o esforço presente. A eficácia do Visionário depende muito do quanto ele consegue perceber o motivador mais forte no seu interlocutor; sua visão de futuro precisa contemplar o que é relevante para o outro. O Estilo Diretivo ajuda na conquista do Fogo na medida em que esclarece a direção para chegar ao futuro desejado e gerencia expectativas. *Coaching* também tem facilidade para trabalhar o Elemento Fogo (desperta para o desenvolvimento);

- Água – esse Elemento é especialmente trabalhado pelo *Coaching*, que apoia o mergulho no autoconhecimento, na busca de novos referenciais, na quebra de paradigmas, no contato com outras práticas, na busca do Conhecimento em áreas distintas;

- Terra – o Estilo Diretivo ajuda na conquista desse Elemento porque dá direção, critério, *feedback*; o Estilo Participativo dá espaço de contribuição, faz junto, apoia. O Estilo *Coaching* tem no Elemento Terra uma contribuição específica: ele estimula que se repita tarefas e que se implemente projetos com o intuito de treinar, ganhar habilidade, crescer em competências;

- Ar – é alavancado com a presença do Estilo *Coaching* que abre diálogo para ajudar as pessoas a sintetizar o que aprenderam, nomear esse aprendizado e compartilhar o mesmo com dois objetivos: que outros ganhem com essa experiência e que aquele que relata reafirme, em si, esse ganho. Participativo está presente favorecendo a construção de ambientes de integração e compartilhamento.

- Perceba que ciclos de desenvolvimento não são alavancados por autoritarismo, protecionismo ou abandono da equipe. Eles exigem contínuos exercícios de influência, planejados estrategicamente e aplicados com responsabilidade.

△ FOGO
Dar direção, despertar a chama

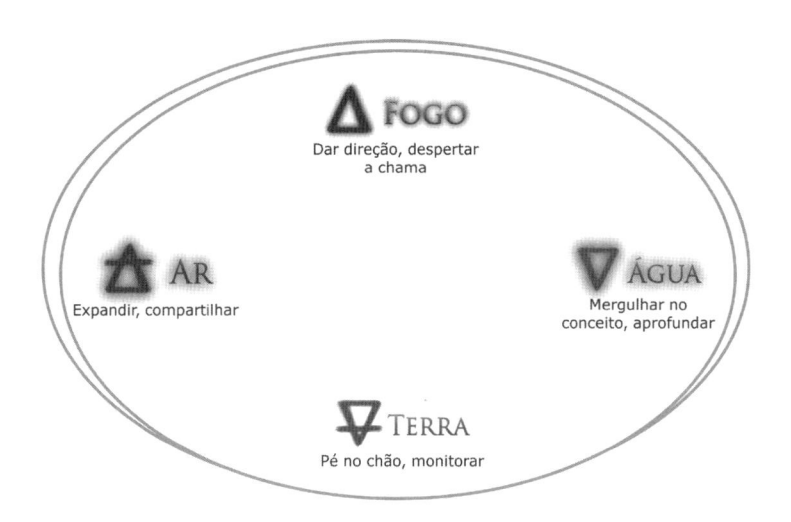

△ AR
Expandir, compartilhar

▽ ÁGUA
Mergulhar no conceito, aprofundar

▽ TERRA
Pé no chão, monitorar

Ilustração 13 – Ciclo de Desenvolvimento (sentido horário)

> Se você é líder de equipe, eu lhe convido a avaliar sua atuação nos últimos meses e a identificar os ciclos de desenvolvimento que você gerou.
> Se você não ocupa uma posição de liderança no momento, não se abstenha. Desenvolvimento das pessoas, das organizações e da comunidade é uma responsabilidade inerente ao ser humano.
> Estamos todos juntos nessa missão.

Os 4 Elementos na Prática

Para explicitar o que se entende pelos Elementos do Ciclo de Desenvolvimento, apresentamos, a seguir, ilustrações da vida real em quatro diferentes projetos e clientes.

▲ Fogo

Quando ele falava, todos faziam silêncio. Respeitavam sua presença e se mobilizavam ante sua proposta de criar um mundo empresarial mais ético e uma empresa referência.

Ele não era um orador sofisticado, nem utilizava recursos tecnológicos de impacto nas apresentações. Mas se mostrava consistente e genuíno.

Sua fala era clara, a forma era acolhedora e o impacto, mobilizador.

Tinha um carisma dado pela autoconfiança e coerência entre seus valores pessoais e a Causa que defendia. Ela estava voltada para o bem-comum.

Interessada em melhor compreender sua forma de comunicação tão eficaz, resolvi assisti-lo mais uma vez e registrar todo o conteúdo que fosse possível. A oportunidade veio na forma de uma breve palestra para um grupo de aproximadamente 200 líderes da empresa onde ele era o presidente. O conteúdo da apresentação não é relevante; ele precisava, como sempre, reforçar a importância do time presente para os objetivos da empresa e para a mudança cultural. O resto era detalhe.

O auditório estava quase lotado. Estrategicamente me coloquei em pé, ao fundo; eu e meu bloco de anotações. Entendo que para poder ver um palestrante e seus impactos é interessante vê-lo de frente e olhar a plateia pelas costas.

Facilmente se percebe se há conversas paralelas, distração, foco, interesse... O que eu via era um orador emocionado com sua proposta e uma plateia atenta. E eu escrevia.

Ele trabalhou inicialmente dois argumentos para mobilizar as pessoas. Vamos conferir o que ele dizia sobre a "catedral" que estavam construindo juntos:

1. Ela seria uma referência para todo o mercado e traria orgulho para os que nela habitassem. Ele, sem dúvida, estava falando ao coração daqueles que tinham como principal motivador pessoal o impacto sobre outras pessoas (Motivo de Influência, segundo David McClelland). Para pessoas com essa natureza motivacional, saber que serão referência traz energia, brilho no olhar;
2. Ela seria um espaço de acolhimento, de clima positivo, de respeito às pessoas e suas individualidades. Esse sábio orador, nesse momento, estava espontaneamente se dirigindo àqueles que tinham Afiliação como principal motivo: necessidade de ser ouvido, apoiado, para se sentir motivado.

Eu estava emocionada. De forma intuitiva, aquele líder falava com naturalidade ao seu time, colocando na prática uma teoria de Motivação que enfatiza a necessidade de se dirigir às pessoas usando discursos personalizados a depender do Motivo de cada uma. Esse orador falava com um grupo e se dirigia a cada motivador, sequencialmente.

Eu esperava para ver como ele "conversaria" com as pessoas com Motivo de Realização: necessidade de desafio contínuo e espaço para superação.

Isso veio na sequência. O final do discurso foi mais ou menos assim:

"Mas nada disso está pronto. Temos muito desafio pela frente e vamos ter que enfrentar um de cada vez. Há tudo por fazer."

Pronto! A Teoria dos três Motivos Sociais – assim chamada por McClelland – tinha no meu bloco de notas uma ilustração concreta. Era a comunicação de um líder Visionário eficaz: mobilizava a energia das pessoas inspirando para a construção coletiva de uma "catedral".

Ele tinha conseguido falar a cada um dos presentes de maneira única.

Ao final, ele se despediu e foi aplaudido.

Eu continuei no fundo do auditório, em pé. A porta de saída era do meu lado e as pessoas se levantavam deixando as fileiras de cadeira e pegando as laterais do auditório, na minha direção.

Eu via agora os rostos que se aproximavam. No geral, eram rostos confiantes e satisfeitos.

Tinham entendido a mensagem. Tinham comprado a proposta.

A Causa fazia sentido. E a motivação tinha sido provocada pelo discurso simples, claro e inteligente.

Esse é o papel do Primeiro Elemento: o Fogo.

Fogo é a faísca, a cor vermelha, a paixão.

▼ Água

A empresa era das mais tradicionais do mercado. Marca forte, tradição, imagem de solidez mas de pouca inovação.

A preocupação da Diretoria local era quanto se conseguiria agilizar processos e decisões e trazer mais ousadia no modo de fazer as coisas, preservando os traços de Cultura da matriz europeia mais conservadora.

Entre as iniciativas escolhidas, foi programado um evento com toda a liderança da empresa para questionar o *status quo* e provocar um novo pensar nesse grupo antigo de casa e seguro das suas convicções. Afinal, toda uma trajetória de sucesso tinha construído autoimagem de capacidade de entrega e de qualidade assegurada.

Fui convidada para uma das palestras desse encontro. Cheguei cedo, era prudente. Não conhecia o público e, portanto, ainda não tinha enxergado a empresa. Assisti à abertura com a fala do presidente. Era um pedido de mudança. Assisti a uma palestra na sequência. Era antes da minha. Fiquei nas últimas fileiras de cadeira e vejo as costas de quase todos os ternos, quase a mesma cor em todos, quase os mesmos cabelos em todas as cabeças, já os brancos presentes em muitas.

O palestrante inicia com força a sua fala. Acreditava no que dizia e sabia do seu poder de impacto. Era profissional de palco, conhecido e respeitado.

Falou por quase uma hora. Enfatizou a velocidade das mudanças no mundo corporativo, o risco eminente de fracasso de grandes organizações que não quiserem se renovar, o risco eminente de fracasso dos executivos que não souberem se modernizar.

Sua voz ecoava no auditório e no coração dos presentes. Era clara, direta, lógica, correta. A proposta era que despertasse o desejo da superação e a vontade imediata de mudar.

Mas eu via as costas da plateia. Lugar privilegiado. No início, ombros levantados e tensos; depois se abaixando pouco a pouco, e se encolhendo junto às cabeças. Foram ficando menores e, se possível, sumindo.

O palestrante se esmerou, assustou mais um pouco. Fez um fechamento eloquente e esperou aplausos. Não vieram de imediato; depois chegaram educados.

A avaliação foi ruim; falou-se em resistência do público ante a proposta de ousadia.

Para mim – expectadora e parceira – não se trata de resistência; foi medo mesmo.

Esse grupo não tinha referências de como fazer diferente; não tinha repertório do que é padrão de comportamento de liderança moderna, ousada. O que o grupo ouvia não tinha ressonância, não cabia. O que foi dito pareceu ameaça e depois esquisitice de alguém que não conhecia nada do mundo deles, da história deles, das competências que eles tinham.

Era medo e ele nos faz fugir ou atacar.

Minha subida ao palco, na sequência, foi somente para acolher aquela emoção presente, forte e coletiva. Nada mais era possível naquele momento. Mudei o *script* preparado; e acertei na decisão.

O grupo ainda precisava de um tempo para "mergulhar" em outras águas, conhecer casos de sucesso, tangibilizar o que é liderar em tempos modernos, dialogar sobre possibilidades, sentir-se apoiado para se aprofundar na busca de novas competências.

Se a necessidade de mudança fosse abrupta, então não seria aquele o time. Mas se ela fosse necessária, no tempo, a estratégia passaria por compartilhar um ponto de chegada claro e discutir o ritmo da caminhada.

Seria preciso dar aos mergulhadores os equipamentos de segurança, os instrutores, as referências. Eles iriam conhecer o mercado, outras praias. Seria interessante trazer mergulhadores já experientes para mostrar que era possível. Também do processo faria parte a revisão dos critérios de avaliação e de recompensa, os rituais da empresa e seus heróis.

Nobre papel das Lideranças estratégicas é propiciar às pessoas a oportunidade de conhecer, ampliar, testar, ir além, explorar, aprofundar, questionar, entender, buscar embasamento, ampliar horizontes e repertório, dominar conceitos, conhecer melhores práticas, visitar o mundo.

Em processos de mudança, é preciso investimento em educação. E educação de ser adulto, o que é mais complicado.

Esse é o papel do segundo Elemento: a Água.
Água é a profundidade, a cor azul, a amplitude.

▽ Terra

Na sala, um grupo jovem, atento, todos com seus *laptops*, seguros de si, confiantes.

Era a primeira turma de uma série de *workshops* sobre Estilo *Coaching* que conduziríamos na empresa. Esse tema era um dos elencados para um Programa de Liderança muito bem cotado e difundido. Seriam dois dias de trabalho para cada turma.

Tudo estava preparado: os conteúdos, o roteiro, os materiais, um filme de apoio.

Começamos.

A receptividade do grupo à proposta e à consultoria foi positiva. A conexão aconteceu rapidamente. As primeiras dinâmicas – voltadas para mobilização e conteúdo – ocorreram com agilidade e eficiência. Os jovens gestores tinham bagagem acadêmica, visão de mercado, vivência em outras empresas e alguns até experiência profissional em outros países, na mesma empresa. Nada era novidade para esse grupo jovem e interessado em aprender mais, conhecer, dialogar.

Ótimo! Vamos em frente. Fogo (energia) e Água (conteúdo) estavam razoavelmente conquistados. Vamos ao "pé no chão".

Propus que em subgrupos os presentes identificassem cenas do cotidiano da empresa que fossem oportunidades de exercícios de *Coaching*. Rapidamente relataram casos. Solicitei que descrevessem comportamentos de *Coaching* a serem demonstrados nas diferentes situações; registros rápidos e bem fundamentados. Orientei que se preparassem para simulações dessas práticas descritas e elaborassem os *scripts* a serem utilizados por aqueles que assumiriam o papel de orientados nas simulações.

1, 2, 3... Roda a primeira cena.

Um desastre!

Toda a postura e argumentação do "líder" na simulação foram muito distantes do desejado. Era uma demonstração típica do líder Modelador, que se coloca como modelo e direciona a ação do outro para formatos similares aos seus. Isso não é *Coaching*, o qual tem o propósito de provocar descobertas e novos modos de atuar.

Abrimos o diálogo, vieram *feedbacks* e novas possibilidades.

Fomos para cena 2.

Um desastre!

Novamente o Modelador impera no lugar do *Coaching*: o foco do "líder" está na qualidade da entrega (no produto) e não no desenvolvimento do orientado. Surpresa para o "ator"; surpresa para quase todos. Novos *feedbacks*, novas possibilidades, aprendizados.

Deixamos de lado o roteiro inicial. Grupo muito jovem, sem vivência. O foco seria propiciar espaço para experimentação, esforço, repetição, *feedback*, trabalho, teste, disciplina, apoio.

Foi ótimo! Mas foram somente dois dias.

Seria preciso ainda muito exercício para esse amadurecimento. Seria preciso que os líderes mais seniores investissem na maturidade do time ampliando espaços de experimentação, trazendo referências de comportamento esperado, trabalhando *feedback* de desenvolvimento. Enfim, atuando como *coaches*. Essa foi a recomendação na reunião pós-eventos; foi aceita por todos, praticada por alguns.

A queixa maior nas empresas é da falta de tempo para preparar pessoas, para esperar a maturidade delas e então confiar e delegar.

Tempo é escolha pessoal. Cada um tem a opção de usar o presente como fim ou como espaço de construção. O tempo é o mesmo para todos.

É preciso experimentar, mudar hábitos.

Esse é o papel do terceiro Elemento: a Terra.

Terra é treino, é cor marrom (ou verde, quando floresce).

Ar

Era o lançamento de um Programa de Liderança para média gerência. O auditório estava lotado com os convidados a participar do processo.

Tinha música, apresentação bem produzida e a presença dos diretores para reforçar a relevância do investimento para o negócio.

A motivação do grupo já estava presente. Todas as lideranças mais seniores haviam participado da primeira fase do projeto e avaliado muito bem o impacto na transição cultural da empresa e nos resultados de Clima e do negócio.

Um desses líderes fez no palco um depoimento também muito positivo. Comentou o que aprendeu com o programa e como se sentia agora mais seguro na atuação como executivo e mesmo em situações de vida pessoal, onde a capacidade de influência fosse exigida.

A fala genuína desse profissional e sua capacidade de empatia mobilizavam ainda mais a plateia e crescia a expectativa pelo *start-up* das atividades. Ao mesmo tempo, era visível a satisfação desse orador relembrando e nomeando seus aprendizados e suas conquistas. Era ganho de mão-dupla: ele movia o grupo e, paralelamente, revivia o próprio desenvolvimento.

Ao final do evento, antes só da despedida, uma jovem na plateia pediu para compartilhar um depoimento pessoal. Foi a ilustração mais perfeita de que desenvolvimento de uns impactam a rede e tem consequências nas pessoas. Ela, animadamente, relacionou dois ou três temas que já conhecia porque seu chefe – participante da fase anterior – ao retornar dos *workshops*, reunia a equipe e repassava conteúdos e *insights*.

Ela revela que já se sentia mais preparada como líder porque seu chefe tinha participado do projeto. Ele, sem dúvida, estava mais fortalecido porque tinha tido a equipe para compartilhar e se treinar.

Era o quarto Elemento fazendo a sua parte: o Ar.
Em um processo coletivo, é preciso que a descoberta de cada pessoa seja "embalada" como doação para o coletivo. Todos ganham.
Esse é o papel do 4º Elemento: o Ar.
Ar é síntese, é cor branca, é difusão.

> Desenvolvimento é de dentro para fora. Acontece nas pessoas e se amplia nas relações.
> É importante se permitir ciclos completos dos 4 Elementos, muitos por dia, infinitos na vida.
> Sabedoria é usufruir desses ciclos virtuosos. Generosidade é favorecer essa experiência nas outras pessoas, nas suas equipes, na sua empresa.

Uma História Real

Dois anos e quatro Elementos

Este livro discute transição cultural para um novo patamar de resultado.

Ele propõe uma metodologia de transição e apresenta meus pressupostos a respeito desse desafio; valoriza o papel da Comunidade de Líderes na transformação da empresa e rotas para aprimoramento de Estilos que fazem diferença.

Este livro defende uma proposta de gestão responsável que assegure clima positivo e valorização da marca; uma gestão que engrandeça as pessoas, as empresas e o mercado.

Ele traz uma abordagem de ciclos de desenvolvimento para estruturar as dinâmicas educativas porque respeita o potencial, das pessoas e dos grupos, de se superar.

É hora de confirmar que é possível viver essas propostas.

E que temos histórias gostosas de lembrar.

Na Fazenda

Bolo de fubá e docinhos acompanhavam o café com leite na varanda do celeiro, em frente ao terreiro antigo de secagem de café. Manhã bonita e ruídos do campo: uma máquina na pastagem ao longe, pássaros cantores, um carro ou outro chegando com poeira da estrada. Traziam mais homens que mulheres; chegavam um pouco sem vontade de chegar.

Na varanda, um pequeno grupo aguardava os convidados para o café, o bolo e uma conversa cuidadosa. Todos sabiam que o dia seria de sol lá fora, e de nuvens no celeiro agora preparado com mesas em formato de U e outras redondas para discussões menores, em subgrupos.

Era o primeiro dia, da primeira turma, do primeiro módulo de um longo projeto de transição cultural. Quem recebia o grupo eram consultores; quem chegava eram líderes seniores que primeiro conheceriam o trabalho.

Tensão no ar. Justificada.

A proposta era alinhar os parâmetros da transição de Cultura oficialmente lançada um mês antes na empresa. O segmento nervoso de mudança tecnológica acelerada e uma rede complexa de clientes exigentes e insatisfeitos eram razões suficientes para investir em ambiente de mais agilidade, protagonismo e alto desempenho.

A história da empresa somava a tradição estatal ao contexto presente de matriz estrangeira cobradora e com traços culturais significativamente distintos dos traços da Cultura brasileira. Isso só reforçava a necessidade de discutir, alinhar e investir em uma nova dinâmica que harmonizasse forças diversas e sustentasse energia das pessoas, imagem positiva no mercado e excelência de resultados.

A proposta fazia todo sentido, mas era proposta de mudança o que significava que o formato vigente das relações e dos estilos de liderança não se sustentaria.

Difícil missão a das Lideranças!

Elas são produto da Cultura instituída e agem de acordo com valores e práticas vigentes. No entanto, quando da necessidade de mudança, é justamente delas que se esperam iniciativas, investimentos e revisão dos próprios comportamentos. Elas que eram decorrência do contexto são chamadas a mudar o próprio contexto. "Liderança e Cultura são dois lados da mesma moeda."

O dia seria tenso na fazenda de céu bonito e café da manhã na varanda.

Um tanto cansado da viagem, um tanto desconfortável com a incerteza do trabalho, pouco a pouco o grupo se acomoda e tem início o *workshop*. O Elemento Fogo foi chamado a estar presente despertando interesse e iluminando a sala. Mas ele – o Fogo – se atrasou naquele dia e naquele encontro. Ele também dormiu demais em quase todas as turmas do módulo 1 daquele longo projeto de Cultura e Liderança. Foram 28 turmas.

A conversa começou aos poucos e os presentes – em torno de 20 – foram se apresentando para quebrar o gelo, para saber quem estava naquele barco que teria 18 meses de travessia. Acabou durando dois anos. Naquele momento o sentimento é que duraria dois meses. Seria abortado.

As apresentações pessoais mostravam um grupo rico de experiências e posicionamentos distintos: uns muito jovens, outros nem tanto; uns comentando sobre suas carreiras iniciadas em outras empresas e segmento, outros relembrando seus 20 ou 30 anos de convivência na mesma organização; uns mais confortáveis no grupo, outros menos.

Eu, como consultora, conduzia a dinâmica no ritmo do grupo. Os demais consultores se acomodaram no fundo da sala acompanhando atentos as falas, as ênfases e os gestos. Apoiariam os participantes, depois do evento e durante todo o projeto, em sessões de orientação individual. O desafio era grande e o investimento também. A Direção da empresa acreditava na dinâmica coletiva dos seus líderes para fazer o movimento necessário. O PCL seria o fio condutor dos diálogos, alinhamentos e renovação de práticas de liderança. O processo de transição cultural seria assim alavancado. Mas esse era o ponto de chegada esperado; na fazenda, estávamos ainda ensaiando o ponto de partida.

A vantagem era que não só a Direção da empresa reconhecia que as práticas vigentes de gestão e o fluxo das relações internas desperdiçavam a energia das pessoas, com prejuízos na relação com o cliente. Naquele início do *workshop*, esse dado já se repetia na fala dos mais jovens, dos mais antigos, dos mais questionadores, dos mais discretos. Existia um consenso no questionamento; havia o porquê da mudança.

No entanto, não existia consenso quanto à possibilidade de reversão; foi preciso passar por um estágio de aceitação e acolhimento das emoções presentes antes de mudar o foco. Estava em sala uma dor latente que queria ser compreendida. Todos falavam a mesma coisa; mas falavam para desabafo e ainda não para construção. Mais uma vez eu chamei em pensamento o Fogo para aquecer a sala; mas ele estava provavelmente se divertindo em outro lugar da fazenda. Não atendeu ao chamado. Não despertou a faísca do desenvolvimento.

Como diz Joseph Campbell – mitólogo americano – sobre a Jornada do Herói: "a recusa à convocação converte a aventura em sua contrapartida negativa. Aprisionado pelo tédio, pelo trabalho duro ou pela 'cultura', o sujeito perde o poder da ação afirmativa dotada de significado. Seu mundo torna-se um deserto cheio de pedras...". Assim estava a sala: árida.

O evento continuou. O ceticismo ocupava algumas das cadeiras e permeava todo o meio da sala. O próximo tema provavelmente traria mais junto os participantes; mas amplificaria as emoções. Era a discussão da Cultura atual da empresa e a Cultura desejada para maior valorização das pessoas, clima mais positivo, decisões mais ágeis, resgate da credibilidade e alto desempenho assegurado. Só isso!

Em Cultura não há certo ou errado, mas há sempre uma Cultura mais adequada para determinados estágios e desafios organizacionais. Essa era minha fala.

Para orientar as discussões, propus a abordagem de análise de Cultura, em quatro dimensões: Distância do Poder, Individualismo *versus* Coletivismo; Masculinidade *versus* Feminilidade, Controle da Incerteza.

Discussões acaloradas se seguiram. Essa era uma característica do grupo: interesse em abrir espaço para se posicionar. Nesse caso, para revelar a dor que sentia pela insatisfação ante o momento da empresa.

Com veemência, os mais falantes descrevem uma realidade cultural atual muito distinta da realidade desejada. Desenham um futuro esperado muito diferente do aqui e agora. Os *gaps* eram grandes em todas as dimensões apresentadas.

As discussões emocionais eram prejudicadas muitas vezes por alguns participantes que aproveitavam o espaço para alimentar seu Motivo de Influência. Ganharam de presente um palco propício a uma atuação de alto impacto. Mesmo quando o movimento coletivo se alinhava ante alguns acordos, esses profissionais abriam novas frentes de questionamento para continuar a encenação. Mas isso faz parte; eram líderes e a capacidade de influência é necessária e estimulada nesses grupos, ainda que exacerbassem por necessidade própria de se manterem motivados.

O que podia faltar em alguns deles era mais maturidade e mesmo crença de que o encontro valia a pena. Ou talvez até de que a empresa valia a pena. Destaque tratar-se de uma das mais expressivas organizações do mercado brasileiro, em segmento de alta tecnologia e inovação, com contribuição social das mais prioritárias no mundo globalizado. Mas a conexão empresa-indivíduo precisa ser discutida um a um e fazer sentido a cada mente e coração. Alguns dos presentes tinham parado em outro tempo; tinham resistido, inclusive, de se rever.

E a discussão de Cultura atual e desejada continuava. A forte emoção presente revelava uma constatação positiva: no geral, o grupo não desistira. Havia energia e mesmo o descrédito com relação a caminhos e decisões não eliminava a vontade de brigar pela empresa. Queixavam-se de processos rígidos, atitudes autoritárias, dicotomia entre discurso e prática, falta de clareza de direção, impactos na qualidade de vida. Desejavam uma empresa com menor distância do poder entre níveis hierárquicos, mais protagonismo, mais equilíbrio entre masculinidade e feminilidade, mais espaço de autonomia. Ótimo poderem discutir juntos a respeito! Ainda melhor se pudessem construir juntos isso tudo.

Mas o tom ainda era de crítica, e em torno disso o grupo se alinhava. Ficava de fora só a consultora – eu mesma – ainda não percebida como parte do time.

Como dizia Fernando Pessoa: "Não é bastante ter ouvidos para ouvir o que é dito. É preciso também que haja silêncio dentro da alma". Isso não havia. Todos falavam.

Já quase no meio da tarde, a fome foi soberana e ela convidou o grupo a fazer um intervalo. Bom para o pessoal e bom para os consultores preocupados que estavam com o nível dos questionamentos. Só uma certeza estava neles: fora muito acertada a direção cultural pretendida e a decisão de oferecer esse espaço de diálogo para a Liderança. Ela precisava.

O dia continuava calmo na fazenda e ainda mais silencioso. O restaurante junto ao lago, a mangueira ainda maior que o cansaço, um sol claro de inverno e o céu azul acalmaram o tom e relaxaram.

O grupo sentiu que estava mais próximo.

Motivação para Mudar

Voltamos ao celeiro já mais apaziguados. A luta da manhã tinha cansado os guerreiros. O sono era o próximo inimigo e ele estava quase chegando lá.

Mas o *workshop* era esperto e mudou de foco. Saiu rapidamente da empresa para o indivíduo. Saiu do macro para o micro. Saiu do externo para o interno. Estava na hora de entrar nas profundezas de cada um e tirar de lá um motivador para continuar a travessia e construir pontes.

Foi muito acertado. O sono foi saindo pelas portas azuis e rústicas da sala; a curiosidade foi entrando.

Camada a camada os participantes vão descascando a "cebola" das competências humanas para entender essa estrutura tão presente em cada um e tão desconhecida: Conhecimentos, Habilidades, Valores, Traços de Personalidade, Natureza da Motivação.

Normalmente é prazeroso falar de si e a viagem foi levando engenheiros, administradores, advogados e outras formações a compartilharem características pessoais que herdaram ou que suas histórias de vida esculpiram. Foram revisando passo a passo a interligação dessas dimensões, algumas mais voláteis e em constante transformação (as mais externas); outras mais estáveis ao longo da vida (as mais internas). Todas importantes porque marcam uma identidade única e completa, exclusiva e incomparável que é o ser humano.

Essa discussão valorizava cada participante e dizia da sua força de contribuição. Pouco a pouco o grupo foi se ouvindo e ouvindo cada um; de uma conversa matutina de questionamento foi se revelando um diálogo de possibilidades.

Discutir natureza da motivação humana se mostrou especialmente interessante. Considerar que o ser humano tem necessidade de afeto, de desafio e de poder, mas em doses específicas em cada um, foi novidade. Era a primeira vez que o grupo ouvia a respeito e ouviu com atenção. Era preciso entender do tema para sustentar motivação em tempos de questionamento e mudança. Motivação deles, das equipes, da empresa.

A conversa evoluiu do conceito para a reflexão de quanto de necessidade de afeto, desafio e poder cada um tinha em si e o que isso gerava de impacto no próprio comportamento e nas relações. Entender que essa é uma característica de essência nas pessoas e, portanto, de sustentação ao longo da vida trazia ainda mais descobertas.

Cenas das histórias de vida compartilhadas em sala demonstravam a presença dessa característica, em diferentes etapas da trajetória de cada um dos presentes. Certo grau de conforto foi se instalando no grupo, assim como alguma tolerância um com o outro. Muitas perguntas, algumas respostas, muitas dúvidas. O tema era só provocativo e os *coaches*, no fundo da sala, sabiam que poderiam trabalhar melhor essas questões nas sessões individuais pós-evento. Teriam dois encontros com cada participante antes do Módulo 2.

Foi ficando claro que a transição cultural exigiria líderes que soubessem alimentar a motivação das pessoas, de forma personalizada. Seria preciso garantir espaços com desafios (para pessoas de *achievement* alto), possibilidade de acolhimento (para pessoas com necessidade de afiliação) e possibilidade de destaque e influência (para aquelas com necessidade de poder). Assim como em Cultura, em motivação não há certo ou errado; e nem possibilidade de querer mudar a natureza do outro. Há somente necessidades a serem respeitadas.

la ficando claro também que seria preciso que a transição cultural falasse aos Valores de cada um. A camada de Valores se caracteriza por certa estabilidade ao longo da vida, embora seja possível priorizar mais alguns Valores em determinadas épocas e alterar essa priorização em outras. "Motivo" diz respeito ao que se gosta, ao que é prazeroso. "Valor" diz respeito ao que se aprendeu a priorizar (traz um gosto de dever a ser cumprido).

Nesse momento do encontro, já se entendera que a construção de futuro da empresa estava harmonizada com a dimensão de futuro da maioria, em termos de Valores pessoais. Esse exercício de Valores tinha sido solicitado na parte da manhã. O desejo por uma empresa que desse mais espaço às pessoas e mais responsabilidade estava alinhada com os propósitos da maioria. O difícil era conquistar uma prática de liderança que gerasse o movimento pretendido. O difícil era mudar as próprias posturas no cotidiano do trabalho sendo que a matriz da empresa continuaria com suas demandas e exigências, o mercado com sua competitividade, os clientes com suas cobranças.

O Elemento Fogo trouxera uma primeira faísca para a sala. Havia no ar uma possibilidade de interesse pelo projeto; ainda provavelmente não a crença na possibilidade da transição cultural.

Usamos o "mote" da motivação para explorar seus impactos nos Estilos de Liderança. Trabalhamos com a classificação dos 8 Estilos, cada um alimentado mais fortemente por um Motivo específico.

Após a compreensão desses conceitos – e ensaios de visualização dos Estilos acontecendo na empresa – novamente um momento de fortes emoções: todos receberam seus gráficos de autoavaliação em Estilos de Liderança e as avaliações feitas pelas equipes.

Foram relatórios distribuídos de forma personalizada, sem exposição no grupo. Não tinham conotação de certo ou errado, a não ser uma proposta de avaliá-los ante a transição cultural desenhada pelo próprio grupo, na parte da manhã.

Alguns gostaram do que viram; outros não. Alguns respiraram aliviados, outros preocupados, outros resistindo e, portanto, questionando a metodologia ou a equipe que fizera a avaliação. Era compreensível; fazia parte.

Alguns demorariam alguns minutos para entender seus impactos pessoais na Cultura atual; outros demorariam dias; alguns provavelmente não entenderiam.

Foi com esse "presente" que se encerrou o primeiro dia, da primeira turma, do primeiro módulo do PCL.

Todos foram convidados a buscar no grupo o seu "anjo da guarda" para conversar depois do evento, no bar da fazenda ou ao relento, onde quisessem. Era preciso trocar ideias, entender melhor seu gráfico, seus pensamentos. Era preciso que alguém os acolhesse depois desse longo dia.

E assim fizeram. Em duplas ou trios conversaram. Já era um começo.

O Elemento Fogo do projeto ainda estava acanhado. Mas considerando só o pequeno ciclo daquele dia, tínhamos percorrido timidamente o modelo todo dos 4 Elementos:

- Fogo na construção da Cultura desejada e na discussão dos Motivos;
- Água na busca de novos conceitos de Motivação e Liderança;
- Terra na leitura dos gráficos de Estilos de Liderança – "pé no chão";
- Ar no diálogo com um parceiro sobre o que tinha sentido e aprendido no dia.

O sono foi agitado para alguns; pesado para outros. E provavelmente a grande maioria não passou incólume naquele encontro.

O dia seguinte tinha cansaço, mas menos resistência. Tinha questionamento mas também curiosidade. Tinha aprendizado já aparecendo conversa mais fluida no grupo.

Percorreram os conteúdos do dia anterior, com menos resistência. Chegaram a conclusões e até a alguns compromissos.

Uma dinâmica de construção conjunta foi realizada ao final. Energia era o que não faltava naquele time de personalidades firmes, competências complementares, desejo de uma empresa melhor.

Era preciso estar muito atento, durante todo o projeto, e oferecer alimentos adequados para diferentes motivadores pessoais. Seria preciso desenhar dinâmicas e diálogos inteligentes – porque o grupo merecia – e que contivessem desafios, afeto e espaço de poder.

Seria preciso ainda consagrar a conquista do Elemento Fogo para o projeto e, melhor, para o processo de transição.

Havia ainda muito a fazer.

Nos dias subsequentes, os *coaches* já começaram seu trabalho personalizado. Receberam todos para as primeiras sessões individuais.

Outras turmas iriam passar pela fazenda. Eram 500 executivos da empresa a fazer parte. A mudança era realmente necessária e o investimento mostrava isso.

Um longo caminho, uma trajetória cuidadosa e bem estruturada.

Um bom começo.

As Folhas de Papel

Voltei um dia à fazenda, poucos meses depois das três primeiras turmas que eu tinha conduzido só com diretores. Já se tomara a decisão de que no Módulo 2 – coerente com o eixo de Cultura "Proximidade" definido por todos – diretores e gerentes se mesclariam nas turmas. Já era um sinal. Um bom sinal!

Lá estava o terreno de secagem do café, a varanda onde esperávamos os participantes do PCL para o café com bolo. Veio a lembrança do descrédito das primeiras turmas, do humor das primeiras chegadas depois de viagens feitas no inicio das manhãs, na estrada empoeirada.

Era noite e só a lua no terreiro, sem lembrança de nada, tão soberana.

Passei pela varanda, desci as escadas do celeiro, deixei a sala tão conhecida na parte de cima. Fui ao preparo de outro ambiente onde eu estaria por dois dias, com outro grupo, outro projeto, outro cliente.

No retorno, subi a escada e não resisti. A chave enorme estava lá e a porta tosca, alta e azul forte de tantas tintas, rangeu quando eu a abri. Estava escuro e demorei a encontrar a luz.

A sala apareceu quando iluminada. Estava no mesmo lugar das minhas lembranças. O mesmo teto alto, as muitas janelas de um azul colonial que sozinhas já traziam saudades.

As mesas em forma de U, as toalhas brancas e 20 cadeiras. Na manhã seguinte, outra consultora estaria na varanda, com café e bolo de fazenda esperando os carros com poeira e a desconfiança nas pessoas. Pensei no sorriso loiro dela e sabia que daria conta. Lá estavam o projetor e a tela que pareciam estranhos para a idade da sala. Também notei a mesa de canto para água e café e a grande taça que recebia bombons toda manhã.

Sobre a toalha branca, uma pasta na frente de cada cadeira. Nela eu sabia o que estava escrito em cada página. Algumas seriam lidas na manhã seguinte; outras nunca visitadas. Mas todas escritas com carinho, reproduzidas com cuidado.

A capa das pastas era amarela, da luz do sol e da chama, com instrumentos de *jazz* entrelaçados em perfeita harmonia. *Jazz* era o significado do improviso individual na harmonia do grupo. Tudo tinha uma razão de ser naquelas imagens.

Mas eu agora me surpreendia. Só agora percebia que eu não via as cores da pasta, nem a imagem dos instrumentos. Eu só adivinhava a capa, porque a conhecia tão bem; mas não a via. Em cima de cada pasta, meia dúzia de folhas

brancas perfeitamente ajeitadas para serem usadas no evento no dia seguinte.
Inverti um a um o lugar de cada pasta e de cada pacotinho de folha solta. O amarelo era o brilho do lançamento e o *Jazz* era o símbolo da melodia tocada a várias mãos, com espaço para criatividade e inovação.
As pastas vieram para cima das folhas e a sala ficou mais colorida para recepcionar o grupo na manhã seguinte, depois de tomar café com bolo na varanda e passar pela porta muito alta, tosca e de cor azul. O Elemento Fogo estaria na sala na cor amarela das capas.
Dei uma última checada. Tudo no lugar porque cada detalhe ajudaria o conjunto. O desafio era grande e a qualidade e o zelo precisavam demonstrar o cuidado com as pessoas e o processo. Tudo é importante em uma longa trajetória de Desenvolvimento.
Fechei emocionada a porta e ela rangeu se despedindo. Ela já me conhecia.

O Cliente Chegou

Os *workshops* do módulo 1 caminhavam respeitando o cronograma. Durante a condução da segunda turma acontecera um evento crítico na empresa, com forte impacto negativo no cliente e na imagem institucional. Tudo reforçava a necessidade de mudanças expressivas e rápidas na condução do negócio e na forma de liderar. Poderia ser uma força para o projeto; mas poderia ser a razão de uma descontinuidade para envolver todos os executivos na operação do negócio.
As primeiras duas sessões individuais previstas aconteciam no paralelo. Os *coaches* explicavam seu papel no processo e buscavam fortalecer interesse pelo autodesenvolvimento. Eles disponibilizavam-se para ajudar a aprofundar a compreensão das avaliações de Estilos de Liderança e estimulavam que todos experimentassem uma ação de aprendizagem na direção de Estilos mais demandados em

processos de transição: Visionário (para assegurar que tudo vale a pena) e Diretivo (clareza da direção e monitoramento do processo).

Os *coaches* traziam assim a presença de um ciclo individual de aprendizagem, na linguagem dos 4 Elementos, a cada sessão:

- Fogo: quando despertavam motivação para o processo;
- Água: quando aprofundavam a compreensão da integração dos conceitos de Motivação, Estilos e Cultura organizacional;
- Terra: quando discutiam ações de aprendizagem a serem implementadas no cotidiano do trabalho como exercícios de novos padrões de comportamento;
- Ar: quando já na segunda sessão solicitavam relato das experiências ou razões da não aplicação da proposta. Provocavam o compartilhamento e assim a nomeação da aprendizagem.

Dificuldades, preocupações e entusiasmo eram compartilhados no grupo de consultores, em encontros frequentes na empresa cliente, no acompanhamento dos *workshops*, no *hall* das salas de sessões de *coaching*, nos encontros sistemáticos de alinhamento na consultoria levados com disciplina durante os 2 anos de trabalho conjunto e nas sessões de discussão de casos, em duplas de consultores, em rodízio planejado e sistemático.

Cada sessão era um desafio e isso exigia planejamento, metodologia e capacidade de influência a favor do desenvolvimento individual, de forma muito alinhada aos mesmos pressupostos de atuação do projeto. Afinal, o desafio era coletivo porque ligado a um propósito único de transição de Cultura.

Com tudo acontecendo, o processo caminhava. Era acreditar na proposta, ter claro o rumo e trabalhar um passo de cada vez. Lembrando Fernando Pessoa (mas sendo mais otimista): "Só o primeiro passo é que custa. Mas depois de dado o primeiro passo o segundo é o primeiro depois desse. É bom reparar nisso e não dar passo nenhum. Todos custam".

Desafio expressivo foi formatar o módulo 2: Visão Cliente. Era preciso uma abordagem de liderança que orientasse todas as áreas e a empresa como um todo, para a perspectiva do Cliente. E que sustentasse o mote principal do projeto que era de Transição Cultural a favor de mais proximidade, protagonismo, equilíbrio entre resultados e pessoas, espaço de ousadia e aprendizagem. E, tudo isso, entendendo que a empresa tinha lição de casa custosa a fazer: qualificar seus processos até para poder liberar mais para participação e protagonismo, sem risco maior para o negócio.

Parecia um propósito ousado. Mas era factível. Afinal, todos os líderes presentes conheciam o foco do foco do Cliente porque eram todos clientes da empresa onde eram líderes. Um duplo papel; um desafio ainda maior.

Como clientes, todos tinham críticas e histórias de ineficiência para contar. Como líderes, todos tinham experiências de insucesso ante esse mesmo cliente que tanto os questionava. Quando eles não viam saída de curto prazo, se alinhavam ao cliente e reclamavam nos eventos do projeto. Quando a autoestima aparecia, eles se alinhavam para questionar o cliente.

A dor era de dois lados.

Estava clara a necessidade e o desejo de trabalhar para conquista e fidelização dos clientes, mas são milhões à sua frente questionando, uma concorrência crescendo, um "batalhão de soldados a liderar", uma pressão por resultados... Só falta a mágica de fazer acontecer a melhoria, com ritmo certo e satisfação interna.

O módulo Cliente foi concebido e nasceu na primavera. Foi florescendo e ganhando peso.

A proposta envolvia os seguintes aspectos:

- Construir a Identidade do Líder voltado ao Cliente;
- Mudar o discurso, evoluir da crítica para a disseminação de *slogans* positivos sobre a empresa;
- Discriminar os diferentes papéis no processo de transição – Oponente, Neutro e Agente;
- Mapear a Rede de Influência individual a apoiar a transição cultural no papel de Agente;
- Definir uma Ação de Aprendizagem a ser implementada na área ou no interáreas, a favor do Cliente, sempre respeitando os parâmetros da Cultura desejada.

Com toda a dificuldade desse tema denso e do momento que a empresa atravessava, foi esse módulo que trouxe a Causa inspiradora para o projeto. Ela até foi escrita posteriormente, mas o texto não teve repercussão. A melhor formalização da Causa ficou no coletivo do grupo: era preciso rapidamente qualificar a entrega para o Cliente e isso dependia de uma força coletiva, partindo da Liderança que integrava o PCL. Afinal, era um grupo expressivo e com poder de mobilização. A conquista dependeria de cada um e de todos. A perspectiva de R^2 (novo patamar de resultado) estimulava C^2 (nova Cultura).

A partir desse módulo, ficava desconfortável continuar com *slogans* negativos sobre a situação e a empresa; os grupos foram desafiados a se posicionarem quanto ao papel que estavam desempenhando no processo. O protagonismo, mesmo inibido, já se mostrava presente.

Era ainda no discurso que se percebia mudança, mas discurso vem antes da prática. Ele é arauto; ela é coerência. Ainda não se percebia uma Comunidade de Líderes, mas já se identificava quem não faria parte. Foram tempos difíceis no negócio, na política interna e na relação com o Cliente. Mas o projeto continuava.

Nas duas sessões subsequentes ao módulo 2 os *coaches* trabalharam fortemente a Água e o Ar. Com postura mais diretiva, insistiam no detalhamento das Ações individuais de Aprendizagem ("Agenda Cliente") e na difusão das mesmas no site do PCL. Essas Ações ficaram disponíveis para todos da Comunidade de Líderes, a estimular possibilidades. Era uma forma de testar, treinar e nomear a aprendizagem para fortalecer o que se aprendeu.

Avaliando o projeto depois de terminado, entende-se que a conquista do Fogo aconteceu no módulo 2, não com todos os envolvidos, não com toda a plenitude. Mas o suficiente para validar novamente o projeto e sustentá-lo no tempo.

O *board* da empresa já tinha participado de *workshop* de validação da transição cultural quando o módulo 2 começou. Foi avaliado nos seus Estilos de Liderança e trabalhou esse *feedback*. Um encontro dele com todos os diretores subordinados formalizou o caminho desejado. Afinal, nenhuma turma do módulo 1 tinha se posicionado em outra direção ou reconhecido outros *gaps*.

O módulo Cliente fazia a sua parte. E já se discutia um módulo 3 que correspondesse a toda a expectativa gerada. O módulo 2 tinha dado um mergulho na realidade e um senso de pé no chão. Era preciso instrumentalizar mais os grupos para fazer acontecer a mudança nas equipes e na empresa.

A Comunidade de Líderes ganhava contornos.

Anjos da Guarda

O edifício é moderno; a sala acolhedora e clara com janelas para o vale verde que surpreende, no coração da grande cidade.

O grupo – sete mulheres e dois homens – fala muito e animadamente. Há tanto a compartilhar e aprender com o outro... A opção de trabalhar a favor do desenvolvimento humano está em xeque, todo dia. O desafio é grande, e o compromisso com o objetivo do projeto de Liderança cresceu, ao longo dos meses.

Estão todos compartilhando dificuldades, aprendizados, pequenas conquistas sucessivas; trocam experiências, buscam alternativas para trabalhar resistências, estimular o papel de Agente nos seus orientados, alinhar-se enquanto time voltado para um mesmo propósito: transição cultural a partir da ampliação das competências dos integrantes do PCL.

Esses são os *coaches*, em uma das tantas reuniões de estudos de caso e monitoramento do processo. Falam dos executivos que já despertaram para o desenvolvimento e usufruem do projeto; falam daqueles que desafiam sua competência enquanto *coach* e ainda não se mobilizaram. Esses consultores estudam juntos e se apoiam mutuamente, porque depois, nas tantas sessões individuais, terão outro parceiro: o *coachee*.

O tempo passa também para esses consultores e assim o ciclo da sua aprendizagem vai girando. Vão se percebendo como time e usufruem dessa situação. Já no primeiro mês de projeto tinham conquistado o Elemento Fogo – motivação para o trabalho – e é na Água que mergulham agora para buscar juntos mais referências. E é na Terra que trabalham nas salas de orientação individual, quase todos os dias.

É mês de dezembro e será o primeiro Natal do projeto. Os *coaches* almoçam juntos ao final da reunião para se confraternizar e comemorar o resultado da primeira pesquisa sobre os processos de *coaching*: 97% de satisfação. O índice é ótimo, mas seu foco está na mudança comportamental dos participantes do PCL e na transição cultural da empresa. Eles reconhecem que se os executivos gostam do processo e dos diálogos ajuda, mas que mudança está em outro patamar. O alvo é uma Comunidade de Líderes que atue de forma integrada a favor da mudança cultural e que conquiste o novo patamar de resultado para validar todo o investimento.

Quem no restaurante visse aquele grupo jovem, animado e confiante, imaginaria ex-colegas de faculdade se confraternizando, sem compromissos.

Quem no restaurante ouvisse aquele grupo jovem, animado e confiante, não saberia que comemoravam um semestre de trabalho árduo e atento em um tabuleiro de xadrez, onde o movimento de cada peça era estudado respeitando a individualidade e o momento de cada *coachee*. Era um grupo jovem que se apoiava e sabia que no ano seguinte o projeto pediria mais do que suas competências individuais.
E ele estava preparado.
O almoço foi ótimo!

Crise e Alto Desempenho

O ano subsequente ao *start-up* do PCL foi especialmente tenso na empresa. Dificuldades afetaram fortemente o cliente e a imagem externa. A pressão era enorme e questões emergenciais mobilizavam toda a Liderança, paralelamente à necessidade de decisões e investimentos com impactos no médio prazo.

A organização tinha força, recursos e talentos para enfrentar a crise, mas não se minimizava a complexidade e a relevância dessa crise.

Nesse contexto, estava no ar o módulo 3 do PCL: Times de Alto Desempenho. Os *workshops* continuavam acontecendo fora da cidade, em distância considerada necessária para manter os participantes fisicamente ausentes das dependências da empresa, embora conectados por meios eletrônicos e emocionais.

Ainda que a crise exigisse, por meses, uma atuação intensa dos líderes em todos os negócios e áreas da empresa, insistia-se na importância de sustentar os encontros que o projeto propiciava. Eram espaços de diálogo e alinhamento especialmente necessários nas circunstâncias citadas. O cotidiano da empresa, tenso e acelerado, pouco oferecia em termos de troca de experiências, consolidação da rede de Liderança para apoio mútuo e aceleração dos processos e das decisões. A crise estava exigindo, na verdade, uma presença contundente da Cultura desejada.

Era terceiro semestre do PCL e ele estava validado pela Comunidade de Líderes e reconhecido como facilitador no fortalecimento das relações e no alinhamento de posturas dessa Comunidade, o que favorecia o encaminhamento do negócio.

O PCL já se caracterizava, claramente, como conquista do Elemento Terra, no momento uma terra árida e com grandes obstáculos no caminho, mas com um time de Liderança que já se mobilizava mais sinergicamente.

A história da empresa demostrava que sempre em crise ela respondia com "luta de heróis". Agora se reconhecia – depoimentos dos próprios participantes do PCL – uma atuação mais integrada, facilitada pelos tantos encontros coletivos, sessões individuais de desenvolvimento e apoio conceitual e emocional, que o projeto propiciava.

O módulo 3 era instrumental. Trouxe um modelo para trabalhar passo a passo a equipe e a relação entre áreas na direção de alto desempenho, justamente a necessidade crítica do momento:

- Clareza de objetivos e metas e o que se espera de cada um;
- Domínio do Conhecimento necessário ao negócio; espaço de aprendizagem contínua, gestão de melhores práticas;
- Decisões de qualidade, no tempo certo; *empowerment*;
- Níveis de responsabilidades; cadeia de valor;
- Confiança mútua; gestão de conflitos; compartilhamento.

Os participantes puderam mapear o estágio das suas equipes e estruturar novas Ações de Aprendizagem, com impactos concretos no contexto presente da empresa. Como *inputs*, utilizavam também resultados atualizados de Pesquisa de Clima, as avaliações de Estilos de Liderança e, sempre, os direcionadores da Cultura desejada.

O momento de mais pressão para soluções rápidas e total atenção ao cliente e credibilidade do mercado dava tom de urgência e de concretude à implementação de Ações. As sessões de *coaching* do módulo 3 foram focadas nesse esforço. A relação de confiança com os *coaches* já estava assegurada e era possível contar com eles para questões também de orientação profissional, apoio emocional e mais exercícios de influência.

Essa competência – Influência e Impacto – foi trabalhada, de forma transversal, no PCL como um todo. A missão da Liderança é mobilizar pessoas, é influenciar a favor de desenvolvimento e de resultado. Portanto, esse exercício de poder precisava ser tratado e o foi em duas vertentes: a habilidade de planejar estratégias de influência e gerar impacto, e a discussão de Valores Éticos (impactar a favor de que?).

As discussões e dinâmicas que envolveram esses temas caracterizavam o Elemento Água: aprofundamento para expandir referenciais. As Ações de Aprendizagem estruturadas durante o PCL referiam-se já ao Elemento Terra porque foram implementadas em situações concretas do trabalho. No site do PCL foram divulgadas aproximadamente 700 Ações, além de tantas outras implantadas e não divulgadas. Parte expressiva dessas Ações se constituiu em "Experiências" planejadas para mudança de crenças vigentes.

Havia muita Ação na empresa e também no PCL. Havia cansaço no ar e a consultora do módulo 3 sabia disso e conduzia o encontro com receptividade e energia.

Paralelamente ao módulo 3 – e módulo 4 – a empresa assumiu outros projetos envolvendo demais níveis hierárquicos, com foco em mobilização para uma Cultura de Protagonismo e Qualidade.

Foram definidas frentes de trabalho orientadas para questões críticas do negócio e alocados profissionais com missões específicas nessas estruturas paralelas. Houve movimentação de pessoas-chave na estrutura e o ambiente era de criticidade, foco e urgência.

No meio dessa agitação toda, Karl Jung – contemporâneo de Freud – diria estar o terreno preparado para a Sincronicidade: começaram a aparecer "coincidências", respostas para algumas perguntas e parecia que o "universo conspirava a favor".

Havia esperança no ar.

Juntos a Gente vai mais Longe

No quarto e último módulo do PCL, o cronograma foi mais alongado em função de compromissos de muitos dos participantes alocados nas frentes de trabalho, o que levou o projeto a se estender para dois anos. Mas o processo estava sustentado e valorizado.

Mote e nome do Módulo 4: Liderança Coletiva.

Era preciso garantir, no encerramento do PCL, ênfase na Comunidade de Líderes, na necessidade da rede integrada para superar desafios de qualidade e credibilidade, assim como para mover a Cultura organizacional na direção da Cultura desejada que todos tinham definido. O novo patamar de resultado da empresa estava acenando da porta e contemplava inclusive uma fusão expressiva, no curto prazo.

Constatação já nas primeiras horas de condução do *workshop*: as dinâmicas de sincronicidade e interdependência escolhidas para exercícios dos grupos eram realizadas com agilidade, índices mínimos de resistência e forte alinhamento. Foi preciso, depois das primeiras turmas, reajustar o roteiro em função do curto espaço de tempo tomado por essas atividades. Consultores e participantes reconheciam a distância expressiva da atuação dos grupos nesse módulo, comparativamente à atuação no Módulo 1, seja em termos de posturas, seja em estruturação de processos e de entrega de resultados.

O grupo tinha crescido de forma expressiva em proximidade, discurso positivo, diretividade, confiança mútua, foco e ritmo. A linguagem comum, construída ao longo do PCL e revisitada em todos os *workshops* e sessões, era base importante para agilizar a discussão e as tarefas. A troca de informações sobre o momento da empresa, entre níveis de liderança e entre áreas, era profícua e considerada muito relevante para o contexto. Profissionais inseridos diretamente nas frentes de trabalho verbalizavam a importância de poderem estar nos *workshops* onde reconheciam que o esforço era coletivo e isso reconfortava. Todos aprendiam a usar mais a rede para objetivos de trabalho.

O Módulo 4 estava especialmente a favor do Elemento Ar. A grande maioria da população envolvida já tinha passado, há muito, pelo Fogo (despertar do interesse), aprofundado conceitos e referenciais de liderança na Água e tido oportunidades de testar e treinar novos Estilos, no cotidiano da empresa – Elemento Terra. Agora era preciso sintetizar a aprendizagem e assim ampliar diálogos que favorecessem outras pessoas a aprender também. O Elemento Ar precisava ser conquistado.

Paulo Gaudêncio – psiquiatra e palestrante – foi convidado a integrar o time de consultores e deu colorido ao módulo. Foram discutidos e ilustrados os seguintes conceitos:

- Interdependência;
- Labirintite (o problema é meu) e Terremoto (fora de mim);
- Desculpa Verdadeira (é verdade, mas é desculpa – não a use);
- Juntos vamos mais longe (mente e coração em uma mesma direção).

Os grupos já estavam maduros para ouvir esse contador de "causo" e nomear tudo o que tinham aprendido

no PCL. Sabiam que como líderes tinham oportunidade e responsabilidade de abrir espaços de influência para consolidar uma Cultura diferente que equilibrasse com sabedoria excelência de resultados e clima de respeito, aprendizagem e satisfação.
A nova linguagem foi permeando a organização. Todos sabiam a que ela se referia.

Rede de Influência
Coaching
Influência
Transição Cultural
Protagonismo
Slogans Positivos

Agente da Mudança
Proximidade
Diretivo
Desculpa Verdadeira

Natureza da Motivação
Comunidade de Líderes
Visionário
Reduzir Distância do Poder
Masculinidade e Feminilidade

Interdependência
Alta Performance
Juntos a gente vai mais longe

Novas Ações de Aprendizagem foram estruturadas nas últimas sessões de *coaching*: 7ª e 8ª.

O estímulo dos *coaches*, a partir do módulo 2, era voltado para que os participantes proliferassem Ações, não somente voltadas às próprias áreas, mas que interferissem em outras unidades, em outros grupos. Essa visão de que líder é responsável pela empresa como um todo já estava bem pontuada, ao final do projeto.

Os participantes foram, então, novamente avaliados em Estilos de Liderança: autoavaliação e avaliação pelas equipes. Receberam seus gráficos comparativos nas últimas sessões individuais. Novamente alguns gostaram do que viram; outros nem tanto. Mas a atitude ante o *feedback* era significativamente mais amadurecida, no geral.

No consolidado das avaliações, os Estilos que tiveram elevação na percepção das equipes foram justamente os desejados no processo de transição cultural: Visionário, Diretivo e *Coaching*.

Os participantes do PCL reconheceram que terem passado pelo processo de *coaching* foi fundamental para concretizarem o que é a atuação do *coach*. Alguns confidenciaram que nas primeiras sessões questionavam a postura do consultor de não dar respostas, mas voltar às perguntas fazendo com que eles mesmos trouxessem alternativas. Essa prática repetida trouxe uma referência de "*coach* em ação", reveladora para muitos.

A primeira avaliação de Estilos de Liderança no PCL foi uma forma de mobilização dos participantes; foi um recurso do Elemento Fogo para despertar interesse. A segunda avaliação foi ao final; o ciclo todo estava pronto para recomeçar. Fogo imperava novamente, desafiando, provocando, lançando a faísca do autodesenvolvimento.

Nos eventos de "formatura", nova síntese de aprendizagem e depoimentos emocionados fizeram referência a uma Comunidade de Líderes que encontrou um lugar de mais influência e de alinhamento; valorizaram a força coletiva para responder a novos e vigorosos desafios que a empresa e o mercado continuariam a oferecer.

A fala de um integrante do *board* sintetiza a conquista de uma Liderança mais integrada que construiu junto uma Visão em que acreditava. "Mesmo nos momentos mais difíceis, mantivemos o projeto porque sabíamos onde queríamos chegar".

Gostaríamos que o novo patamar de resultado da empresa tivesse chegado mais facilmente, sorrindo já na fazenda, quem sabe no módulo 2 ou 3. Ele veio depois.

Gostaríamos que a crise não se instalasse ainda em meio ao processo, para que a transição estivesse mais avançada quando aquela chegou espaçosa, exigindo atenção. A transição era mais discreta que a crise, era mais estratégica, tinha mais adeptos, mas era menos barulhenta.

Mas a vida não se faz com borracha na mão. Ela é movimento e tem a graça e a beleza de ter desejos próprios, trejeitos inusitados. Ela é colorida e soberana, indócil às vezes, mas responde com generosidade a tudo que se planta com cuidado e com carinho.

No final, o processo foi vitorioso. Ele foi intenso e levado com seriedade por todos os envolvidos.

O seu impacto em Cultura e Resultado foi validado. Nem bem ele terminara e já outra "onda" foi aprovada pela Direção, envolvendo Novos Líderes e Coordenadores. Era preciso sustentar a linguagem C^2 e preparar outros profissionais para a prática renovada de gestão.

Fogo, Água, Terra e Ar novamente em ação. Tinham mostrado sua força.

A empresa evoluiu, fez movimentos estratégicos ousados. Hoje ela tem um negócio mais complexo, uma atuação mais expandida, uma estrutura ainda maior.

Todos reconhecem que essa organização tem desafios de desempenho, lidando com objetivos e metas arrojadas, demandas e dificuldades, mescla de perfis e de Estilos. Tudo continuará presente e será preciso sempre gerenciar a Cultura, rediscutir os *gaps*, o desejo de mudança e as oportunidades.

> Tudo começará outra vez, hoje e todo dia.
> Mas o ponto de partida está em outro patamar, para quem quiser usar o que aprendeu.

Foto crédito da autora
Ilustração 14 – A Fazenda do Bolo de Fubá

E Assim Caminha a Aprendizagem

*A mente que se abre a uma nova ideia jamais volta
a ser do seu tamanho original.*

Albert Einstein

Sempre, e mais uma vez, aparecerá a faísca vermelha e forte, o despertar que faz escolhas e projeta caminhos de vida únicos e verdadeiros. É o Elemento Fogo, ousado e estimulante, que provoca e movimenta os minutos, as horas e os dias das pessoas e das empresas; os pequenos ciclos e os longos estágios da aprendizagem individual e coletiva. Sem paixão não há mudança de Cultura.

E vem outro mergulho no azul profundo dos sábios ou no azul raso dos rápidos. É o Elemento Água que expande o coração e o fôlego das pessoas e das empresas. Ele traz descobertas em forma de mágicas para os sensíveis e de práticas para as almas lúcidas. Sem esse saber não há movimento que construa riqueza.

Depois chega o Elemento Terra que ensina paciência e dá retorno em forma de frutos, mensagens, amores e sucesso. Há quem plante na terra seca das savanas e na areia branca do deserto. Há quem escolha, por vocação ou por destino, o chão de pedra e de pó. Aos afortunados, sobra a terra fofa de jardins promissores. Mas o poema que nasce da terra não tem a beleza dela. Ele traz a alma do poeta que só a usou para conhecer a própria força. Seja a força de um indivíduo, de um grupo, uma empresa, uma nação. Sem essa força não se transforma uma Cultura.

Mas "a poesia não é de quem escreve e, sim, de quem precisa dela", diz o carteiro depois de roubar um poema de Pablo Neruda e entregar a sua amada (cena do filme "O Carteiro e o Poeta", 1994, direção Michael Radford).

É preciso libertar a palavra. O Elemento Ar está à espera e amplifica a conquista. Conta a todos a síntese da descoberta e do crescimento daquele ser humano ou daquela comunidade inteira. Quem nomeia a aprendizagem não a esquece; quem com ouvidos atentos a valoriza, ganha com ela. E sem esses presentes não se consolida uma vitória. Sucesso que se perpetua é coletivo. E só assim se pode imaginar transição cultural.

No ritmo desse movimento, o mundo vai acumulando sabedoria que se amplia e se integra. Em retribuição, ele, generoso, abre novos ciclos de criação em um infinito de possibilidades.

> É só ter certeza que se está centrado em Valores e em Causas que valem a pena. O restante é um fluir contínuo de crescimento, contribuição e recomeço.
> Assim acreditam as almas boas; assim acreditam as empresas de Valor.
> Elas fazem, a cada dia, uma volta na espiral da aprendizagem. Fazem, a cada ciclo, uma homenagem ao Fogo, à Água, à Terra e ao Ar, sempre disponíveis.
> E eles agradecem, em forma de renovação, oportunidades, desempenho superior, maturidade e conquistas.

Minha Mensagem a Você

Percorremos este livro lado a lado. Você e eu. Refletimos sobre a importância da Cultura na construção do resultado e da visão da empresa.

Enfatizamos a responsabilidade da Liderança na renovação da dinâmica corporativa hoje e sempre. Exploramos metodologias de entendimento da Cultura atual e desejada e formas de evoluir na direção certa e no ritmo preciso.

Aprofundamos o conceito de motivação e sua relevância na gestão de gente e na transformação das organizações.

Analisamos os diferentes Estilos de Liderança a favorecer o desenvolvimento e a energia das pessoas e aqueles que limitam o caminhar coletivo e a evolução.

Juntos, nós passamos pela discussão de empresas que sustentaram uma trajetória de mudança com sucesso; outras que perderam força ou rumo nesse caminho.

Passo a passo percorremos o ciclo mágico do desenvolvimento humano e corporativo, onde os elementos fogo, água, terra e ar elevam a visão e constroem aprendizagem.

Reforçamos a crença em uma Comunidade de Líderes preparada e disciplinada para a mudança e que possibilita espaços de apoio mútuo, trabalho interdependente e resultado superior. A Comunidade de Líderes é a proposta maior do livro porque tem força para sustentar a empresa em contextos vulneráveis e nas instabilidades do mercado. O Brasil precisa mais e mais dessa maturidade empresarial e o cliente vai agradecer essa conquista.

Agora estamos chegando ao final do livro, mas não da obra. Essa continua em todos os momentos em que estivermos no meio corporativo, provocando um novo pensar sobre o modo como conduzimos o negócio e gerenciamos clima, cultura e desenvolvimento.

Estaremos juntos a cada dia em que nos lembrarmos dessas palavras que aqui foram escritas pela vontade de contar uma história. Meu desejo era que a história pudesse inspirar uma busca diferente, uma ousadia, uma bandeira de mudança.

Agradeço a você ter estado comigo até agora.

Seria um prazer poder ler também a sua história. Todos nós temos riquezas escondidas a compartilhar.

Então, um abraço e até breve!

Glossário

1. Resultado
Output do trabalho.
1. R¹: Resultado organizacional já conquistado.
2. R²: Resultado organizacional que se deseja alcançar (novo patamar).

2. Cultura
Conjunto de crenças, valores e práticas que fazem um modo coletivo de ser e de atuar.
1. C¹: Cultura atual.
2. C²: Cultura desejada.

3. Causa
Atribui sentido ao movimento de mudança; traz significado.
1. Responde à pergunta "para que?".
2. Fala da ação das pessoas sobre a empresa: que legado elas vão deixar.

4. Dimensões Culturais
Possibilitam analisar práticas vigentes em um grupo e discutir práticas desejadas.
1. Distância do Poder: Reflete o valor que se atribui ao compartilhamento de informação e à participação das pessoas nas decisões.
2. Individualismo e Coletivismo: Reflete o valor que se atribui à responsabilização individual pelos resultados ou ao protecionismo.
3. Masculinidade e Feminilidade: Reflete o valor que se atribuiu ao resultado e/ou às pessoas.
4. Controle da Incerteza: Reflete o grau de flexibilidade que se permite na dinâmica organizacional.

5. Pirâmide de Resultado

"As experiências promovem crenças, as crenças influenciam as ações e as ações, por sua vez, produzem resultados"

Roger Connors & Tom Smith

1. Ação: Atitude que as pessoas tomam baseadas em suas crenças sobre as consequências do seu comportamento.
2. Crença: É uma verdade assumida. Nada leva as pessoas a mudarem a maneira como agem mais rápido do que fazê-las mudar a maneira como pensam.
3. Experiência: Vivência que constrói, reforça ou transforma uma crença.

6. Valor

Fonte de inspiração que orienta comportamento; dá um sentido de "dever", de certo e errado.

1. Valor Pessoal: Camada de competência construída a partir da infância e enriquecida ao longo da vida. Os valores mais básicos, enraizados, são chamados de princípios.
2. Valor Corporativo: É referência do que é essencial na dinâmica de uma empresa; não é negociável.

7. Motivo

Interesse contínuo por um objetivo específico ao longo da vida, buscando suprir necessidades de satisfação pessoal. O grau em que cada um dos Motivos Sociais se apresenta em determinada pessoa caracteriza a sua natureza motivacional.

1. Afiliação: Estabelecer relacionamentos próximos, compartilhar sentimentos, dar ou receber apoio. Desconforto ante os conflitos e rupturas.
2. Influência: Buscar ambientes que propiciem o exercício do convencimento, do impacto sobre outros.

3. Realização: Buscar desafios, superação de padrões. Normalmente associado a interesse por inovar, planejar. O termo em inglês é mais significativo: *achievement*.

8. Estilo de Liderança
Conjunto de comportamentos que mais caracteriza o líder na condução do negócio, com forte impacto em clima e resultado.
1. Afetivo: Privilegia o apoio a pessoas.
2. Autoritário: Calcado na relação de poder unilateral.
3. *Coaching*: Voltado para estimular as pessoas a se desenvolverem.
4. Diretivo: Mobiliza as pessoas em uma direção comum.
5. *Laissez-faire*: Gera sentimento de abandono pela ausência da atuação.
6. Participativo: Estimula a participação das pessoas na tomada de decisão.
7. Modelador: Voltado à busca de excelência e rigor a um padrão definido.
8. Visionário: Cria dimensões futuras de forma atraente.

9. Ciclo de Desenvolvimento
Conjunto das quatro etapas da aprendizagem, descritas na linguagem dos Elementos da natureza.
1. Fogo: Faísca que desperta interesses e possibilidades.
2. Água: Mergulho no Conhecimento.
3. Terra: "Pé no chão"; é o treino, as implantações.
4. Ar: Síntese e difusão da aprendizagem.

10. Comunidade de Líderes
Conjunto dos profissionais de uma empresa que tem responsabilidade pelo desenvolvimento de equipes e/ou pela condução do negócio.

1. Inclui diferentes níveis hierárquicos a começar pelos integrantes do *board*.
2. Caracteriza-se pelo domínio de uma mesma linguagem de gestão, crenças compartilhadas, Causa comum, grau de confiança mútua para apoiar a aprendizagem coletiva e capacitação para conduzir um processo de transição cultural, de modo sustentado e no tempo certo para garantir o novo patamar de resultado pretendido.

QUALITYMARK EDITORA

Entre em sintonia com o mundo

QualityPhone:
0800-0263311

Ligação gratuita

Qualitymark Editora
Rua Teixeira Júnior, 441 – São Cristóvão
20921-405 – Rio de Janeiro – RJ
Tels.: (21) 3094-8400/3295-9800
Fax: (21) 3295-9824
www.qualitymark.com.br
e-mail: quality@qualitymark.com.br

Dados Técnicos:	
• Formato:	14 x 21 cm
• Mancha:	11 x 18 cm
• Fonte:	Optima
• Corpo:	11
• Entrelinha:	13
• Total de Páginas:	256
• Lançamento:	2013